Beatrix Gurian, Manuela Martini, Ulrike Bliefert,
Bettina Brömme, Nora Miedler

Stille Nacht

Mörderisch schöne Weihnachtsthriller

Weitere Titel in dieser Reihe:

Tamina Berger: Frostengel
Ulrike Bliefert: Lügenengel
Ulrike Bliefert: Eisrosensommer
Ulrike Bliefert: Schattenherz
Juliane Breinl: Perlentod
Bettina Brömme: Rachekuss
Bettina Brömme: Todesflirt
Bettina Brömme: Frostherz
Beatrix Gurian: Prinzentod
Beatrix Gurian: Höllenflirt
Beatrix Gurian: Liebesfluch
Beatrix Gurian: Lügenherz
Zara Kavka: Giftkuss
Zara Kavka: Höllenprinz
Agnes Kottmann: Hassblüte
Krystyna Kuhn: Schneewittchenfalle
Krystyna Kuhn: Märchenmord
Krystyna Kuhn: Dornröschengift
Krystyna Kuhn: Aschenputtelfluch
Kathrin Lange: Schattenflügel
Kathrin Lange: Septembermädchen
Inge Löhnig: Schattenkuss
Inge Löhnig: Scherbenparadies
Manuela Martini: Sommerfrost
Manuela Martini: Sommernachtsschrei
Manuela Martini: Puppenrache
Nora Miedler: Lügenprinzessin
Susanne Mischke: Nixenjagd
Susanne Mischke: Waldesruh
Susanne Mischke: Zickenjagd
Susanne Mischke: Rosengift

Stille Nacht

Mörderisch schöne Weihnachtsthriller

von Beatrix Gurian, Manuela Martini,
Ulrike Bliefert, Bettina Brömme und
Nora Miedler

Arena

FSC
www.fsc.org
MIX
Papier aus verantwortungsvollen Quellen
FSC® C110508

1. Auflage 2013

Covergestaltung: Frauke Schneider
Gesamtherstellung: Westermann Druck Zwickau GmbH
ISBN 978-3-401-06893-0

www.arena-thriller.de
www.facebook.com/arenathriller
Mitreden unter forum.arena-verlag.de

Inhalt

Beatrix Gurian

Nur noch einmal wird es dunkel, nur noch einmal wird es Nacht

1. und 2. Dezember

Ist das schön!« Nele wurde ganz rot, als sie das blaue Papier mit den silbernen Tannenbäumen aufriss. In dem Päckchen lag ein Adventskalender, verschieden große weiße Stoffsäckchen, alle mit goldenen Kordeln zusammengebunden und mit einer Zahl aus rotem Filz versehen. So hübsch verpackte Geschenke hatte sie bisher immer nur von ihrer fünfzehn Monate jüngeren Schwester Carla bekommen, aber zwischen ihnen herrschte Funkstille, seit man Carla vor sechs Wochen weggebracht hatte. Also wer um alles in der Welt würde sich die Mühe machen und ihr so etwas schenken?

Miranda hätte es nie geschafft, ein Geheimnis für sich zu behalten, Marie hasste basteln und mit Lara stand sie seit der Sache mit Carla auf Kriegsfuß. Ihre Eltern wiederum fanden, dass sie mit über sechzehn definitiv zu alt für jede Art von Adventskalender war, und Großeltern gab es keine mehr. Und ein Typ würde ja wohl niemals auf so eine Mädchen-Idee kommen, oder doch?

Niemals.

Nele durchsuchte das Geschenk nach einer Karte oder einem anderen Hinweis, hob alles hoch, schüttelte den Karton, aber da war nichts zu finden. Sie sah noch einmal bei dem Paketaufkleber nach, kein Absender, aber eindeutig ihr Name. Nele Maria Hartmann.

Sie band die dicke Kordel mit den Geschenken wie eine Girlande um ihr Bücherregal, suchte dann den Beutel mit der Nummer eins und schnitt ihn von der Kordel ab. Zum Glück war heute schon der 1. Dezember und vielleicht verriet ja der Inhalt, wer dahintersteckte.

Ihre Hände zitterten ein wenig, als sie den Knoten aufdröselte und den Beutel neben sich auf ihr Bett leerte. Das in Goldfolie eingepackte Geschenk hatte eine merkwürdige Form, klapperte ein bisschen und klang metallisch. Während sie die Tesastreifen ablöste, hielt sie die Luft an vor lauter Anspannung. Dann sah sie drei verschieden große Plätzchenausstecher aus Metall, alles Sterne. Sie seufzte und atmete wieder normal, Plätzchenausstecher! Die könnten glatt von ihrer Oma stammen, wenn die denn noch leben würde! Erst jetzt entdeckte Nele das zusammengerollte Papier, zog es neugierig auseinander und las:

Du bist mein Stern, wenn Du in meiner Nähe bist, dann erhellst Du die Nacht, in der ich sonst lebe, mit Deinem Funkeln.

Nele zog eine Augenbraue hoch, aber ihr Herz schlug schneller, obwohl ihr Gehirn sofort auf höchste Kitschalarmstufe schaltete. Das war schlimmer als Herzilein-Schlagertexte. Trotzdem las sie weiter und musste grinsen. *Bloß nicht gleich wegschmeißen,* stand da, *auch wenn Du meine Worte ziemlich kitschig findest. Also, ich dachte, ich versuche, Dir mit diesem Kalender zu zeigen, dass ich nicht so hohl bin, wie Du vielleicht glaubst, denn wir kennen uns, aber Du ignorierst mich.*

Fieberhaft dachte Nele darüber nach, welcher Typ, den sie kannte und nicht beachtete, sich wohl so etwas ausdenken würde. Emanuel liebte nur sein Schlagzeug, Victor war mit Lara zusammen, dann war da Jan, der zwar gut aussah, aber so komische Hobbys hatte, und Sebastian, der Egomane, dem würde so was nie im Leben einfallen. Allerdings gab es noch Leon, den ignorierte sie natürlich auch. Aber ganz sicher nicht, weil sie ihn blöd fand. Wie immer, wenn sie an Leon dachte, fühlte sie sich mies, wegen Carla. Sie sprang vom Bett auf, hockte sich dann aber wieder hin und schlug die Beine unter. Ihre Schwester hatte viel Zeit mit ihm verbracht, jedenfalls bis Nele sie verraten und so aus dem Weg geräumt hatte. Sie las weiter. *Bitte nimm meine Geschenke an, und wenn Du am Heiligen Abend dann immer noch keine Lust hast, mir eine Chance zu geben, wäre das auch okay und Du behältst alles. Also, das mit den Sternen habe ich mir so gedacht: Auf der Rückseite steht ein Rezept für Zimtsterne und es wäre doch cool, wenn Du ein paar Bleche davon backen und dem Kindergarten in der Steinstraße vorbeibringen würdest. Sollen doch alle ihren Stern haben oder was meinst Du?*

Und dann wünschte sich der Unbekannte, dass sie ein Foto von den Zimtsternen auf ihre Facebook-Seite stellte, weil das für ihn auch wie ein Geschenk sei. Im Gegensatz zu Carla hatte Nele nur neunundachtzig Facebook-Freunde, für die ihr Profil sichtbar war. Das bedeutete dann ja wohl, dass es einer von ihnen sein musste, oder? Sofort rief sie ihre beste Freundin Miranda an, um sich mit ihr zu besprechen. Die fand das mit dem Foto zwar ein bisschen *strange,* aber den Kalender unfassbar süß. Und weil ihr langweilig war und draußen der Schneematsch vom Himmel klatschte wie schmierige Seifenflocken, beschloss Miranda, zu Nele zu kommen, damit sie gemeinsam die Sternen-Plätzchen backen konnten.

Am Ende des Nachmittags klebte der Teig überall an ihren Klamotten und sogar in ihren Haaren. Dafür duftete aber die ganze Wohnung nach Zimt und Butter. Sie hatten sechs Bleche voller Sterne gebacken. »Einen ganzen Himmel«, kommentierte Miranda, während sie ein Foto mit

Neles Handy aufnahm. Danach verpackten sie die Plätzchen in Blechdosen und brachten sie durch den schon wieder zu Matsch getauten Schnee in die Steinstraße. »Fühlt sich richtig gut an und hat Spaß gemacht«, stellte Miranda fest und nahm Neles Hand. »Wer auch immer dir das geschickt hat, muss ein gutes Herz haben.«

»Aber was, wenn der Kalender von Sebastian oder Jan ist?«

Miranda starrte Nele an, tippte sich an die Stirn und lachte dann aus vollem Hals. »Spinnst du? Sebastian ist außerstande, etwas anderes zu denken als ich, ich, ich.« Miranda trommelte sich wie ein Gorilla auf die Brust. Dann wurde sie ernster. »Und Jan kann ich mir beim besten Willen nicht vorstellen, wie er dasitzt und mit seinen Pranken so kleine Geschenke einwickelt, geschweige denn, wie er so etwas kauft. Hey, da müsste er ja mit den Leuten reden! Und das vierundzwanzig Mal, nee, so was können nur Mädchen.«

»Aber auf dem Zettel steht doch was davon, dass ich der Stern von jemandem bin?« Nele wurde rot. »Du meinst, ein Mädchen könnte in mich verliebt sein?«

Miranda zuckte mit den Schultern. »Klar, erstens macht nur dann diese Geheimnistuerei Sinn, und zweitens, glaub mir, kein noch so verknallter Kerl der Welt macht sich so eine Mühe! Da kannst du froh sein, wenn du mal eine Kinokarte geschenkt bekommst für einen Film, der dich tatsächlich interessiert.«

»Du meinst wirklich, das wäre von einem Mädchen?« Ungläubig starrte Nele ihrer Freundin ins Gesicht. Miranda wandte den Blick ab und grinste verlegen. »So was gibt's!«

»Aber dann muss sie ein Faible für Spielchen haben oder warum will sie sonst, dass ich das Foto bei Facebook hochlade?«

»Spielchen? Wieso denn Spielchen? Über Facebook kann sie doch nur sehen, ob dir ihre Idee gefallen hat. Das ist doch okay, vielleicht traut sie sich erst an dich ran, wenn sie sieht, dass du mitmachst. Aber jetzt muss ich los, ruf mich gleich morgen früh an und erzähl mir, was sie sich weiter ausgedacht hat, okay?«

Nele versprach es ihr und machte sich auf den Heimweg. Ein Mädchen? Das war doch totaler Blödsinn, Miranda lag völlig falsch. Oder? Da kam ihr eine Idee: Was, wenn der Kalender von Carla war, als Friedensangebot?

Zu Hause angekommen knabberte Nele eine Handvoll von den ganz kleinen Zimtplätzchen und betrachtete den Kalender. Selbst wenn Carla nicht dahintersteckte, sollte ich ihr ein paar Zimtsterne schicken, überlegte sie und merkte, wie ihre Schultern bei dem Gedanken an ihre Schwester schwer wurden. Carla liebte Plätzchen. Sie fehlte ihr von morgens bis abends. Ihre Art, alles durcheinanderzuwirbeln und Chaos zu verbreiten, ihr lautes gluckerndes Lachen, ihre Art, in jedem nur das Gute zu sehen. Carla hatte früher sogar ihre Eltern verteidigt, wenn Nele sich darüber beschwerte, dass sie ihre Töchter immer nur auf Noten und Leistungen reduzierten. Dass für sie nichts zählte außer Einser. Neles Magen zog sich zusammen und die Plätzchen stießen ihr sauer auf. Sie war schließlich schuld an Carlas Verbannung in dieses Kinder-Guantanamo. Und dort hatte Carla sicher keine Gelegenheit, so etwas zu basteln.

Ich sollte ihr alle Plätzchen schicken und noch einen dicken Schoko-Nikolaus, entschied sie und machte sich auf die Suche nach einem entsprechend großen Karton, auch wenn sie befürchtete, dass Carla nichts davon anrühren würde.

Am nächsten Tag warf Nele in der Schule allen Jungs immer wieder prüfende Blicke zu. Einer von ihnen musste doch der Schenker sein. Leon erwischte sie, als sie gerade dabei war, ihn intensiv zu mustern. Er lächelte sie an und ihr schoss sofort die Röte ins Gesicht. Konnte er es vielleicht doch sein? Leon war der Klassensprecher und hatte dafür gesorgt, dass sie die Einnahmen vom Sommerfest an den Kindergarten in der Steinstraße gespendet hatten. Aber er hat doch so etwas Umständliches gar nicht nötig, alle fanden ihn toll, er könnte jede haben, sogar Miranda. Er müsste nur mit mir reden.

Aber vielleicht ist es ihm peinlich wegen Carla, wisperte eine Stimme in Neles Kopf, und er macht es deshalb so kompliziert. Kompliziert, aber wahnsinnig spannend.

Miranda war enttäuscht, dass Nele nicht schon vor der Schule das nächste Geschenk aufgemacht hatte. Sie konnte nicht verstehen, wie viel Vorfreude Nele der Gedanke an die Überraschung bereitete, die noch vor ihr lag.

Als sie nach Hause kam, hielt sie es dann aber auch nicht mehr aus. Sofort suchte sie Päckchen Nummer zwei heraus. Diesmal klapperte nichts, es war eine dicke türkis- und rosafarbene Kugel. Sofort als sie die Folie abgefummelt hatte, breitete sich im ganzen Zimmer ein Duft nach Orangen und Meer aus. Neugierig betrachtete Nele das etwas bröckelige Gebilde. Wieder war ein beschriebener Zettel dabei. *Das ist eine Badebombe für Dich, die wirft man in die volle Badewanne, das sprudelt dann und riecht lecker, so wie Du, wenn Du manchmal in meiner Nähe stehst. Ich würde mich freuen, wenn Du das ausprobieren und wieder ein Foto machen würdest – natürlich nicht von Dir, obwohl mir das gefallen würde, nein, nur davon, wie die Bombe sich im warmen Wasser auflöst.*

Nele schnupperte an der Badebombe. *Wenn Du in meiner Nähe bist.* Es musste jemand aus der Schule sein oder wo war sie denn sonst in der Nähe von Jungs? Beim Hockey war sie in einer reinen Mädelsmannschaft. Also wer, verdammt noch mal? Sie rief Miranda an und zusammen beratschlagten sie, ob es ein bisschen pervers war, so ein Foto zu machen. Was, wenn der Unbekannte sich dann Nele nackt in der Wanne vorstellte, das ging ja gar nicht, fand Nele. Miranda brach sofort in schallendes Gelächter aus, weil Nele so dermaßen naiv war. Erstens glaubte sie immer noch an ihre »Cherchez la femme«-Theorie und zweitens würde sich ihrer Meinung nach ein Typ, der hinter Nele her war, Nele todsicher nackt vorstellen. Logo! Und darauf hätten Frauen niemals-nie-nirgends in der ganzen Welt auch nur den geringsten Einfluss. Manchmal hasste Nele Miranda, die immer so genau wusste, wie alles lief, für die alles nur ein lustiges Spiel war, bei dem sie gewann, immer gewann. Die coolsten Typen, die besten Ferienjobs, die besten Referate. Allerdings hatte Miranda noch nie so einen geheimnisvollen Kalender gekriegt.

»Ich tu's«, sagte Nele dann entnervt und legte auf. Nachdem sie ein Foto der sprudelnden Badebombe gemacht hatte, zog sie sich aus und stieg in das Wasser, in dem jetzt rosa Blütenblätter schwammen. Während sie in der dampfenden Badewanne lag und den süßen Duft einatmete, schloss sie ihre Augen und wünschte sich, der Kalender wäre von Leon. Sofort schämte sie sich wieder. Konnte sie sich wirklich sicher sein, dass sie Carla nicht bloß wegen ihm verraten hatte? Damit der Weg für sie frei war. Jedes Mal wenn sie an Leon dachte, schob sich das Bild von Carla vor ihre Augen, als man sie weggebracht hatte. Carla hatte kein Wort mehr mit ihr gewechselt, aber ihr letzter Blick hatte Bände gesprochen: Hass, Verachtung.

Plötzlich kam ihr eine ketzerische Idee: Was, wenn sie einfach alle Türchen auf einmal öffnete, um mehr über den Unbekannten herauszufinden? Vierundzwanzig Überraschungen, die mussten doch etwas über den Absender verraten. Kurz entschlossen stieg Nele aus der Wanne, warf sich ihren Bademantel über und tappte mit nassen Füßen in ihr Zimmer.

Weiß, unschuldig und glitzernd hing der Kalender an ihrem Regal. Wer auch immer sich das ausgedacht hatte, wollte ihr eine Freude machen und hatte sich so viel Mühe gegeben. Nein, sie seufzte, das brachte sie nicht übers Herz, außerdem war es so doch viel aufregender.

6. Dezember

Schau draußen im Briefkasten nach, dort findest Du Dein Nikolausgeschenk. Nele starrte den Zettel an, der in Paket Nummer sechs gelegen hatte, und lief neugierig raus zum Briefkasten, um nachzuschauen. Der mysteriöse Schenker hatte so viele unglaublich schöne Ideen. Am dritten Tag waren es Glasperlen für ein Armband gewesen, das sie sich gestalten und dann an ihrem Handgelenk fotografieren sollte – dabei hatte ihr Miranda geholfen.

Am 4. Dezember waren es Buchstabenmagnete für den Kühlschrank mit der Bitte um eine Botschaft gewesen – natürlich wie immer mit Foto. Ohne lange nachzudenken, hatte sie mit den Buchstaben »Wer bist du?« an den Kühlschrank geschrieben und das dann fotografiert.

Im fünften Päckchen hatte ein abwaschbares Delfin-Tattoo gelegen, das sie sich auf ihren Oberarm geklebt hatte, obwohl Miranda das langweilig fand.

Jeden Morgen wieder spürte Nele die Versuchung, alles auf einmal aufzumachen. Aber dann wäre der Nervenkitzel vorbei, der sie jedes Mal packte, wenn sie ein neues Päckchen in die Hand nahm.

Mittlerweile dachte sie Tag und Nacht darüber nach, wer von ihren neunundachtzig Kontakten wohl auf die Bilder wartete, die sie bei Facebook reinstellte, und was derjenige dachte, wenn er sie sah. Die Briefe, die bei jedem Geschenk dabei waren, hatten sie davon überzeugt, dass es nur ein Typ aus ihrer Schule sein konnte, ganz egal was Miranda behauptete. Und Nele fühlte sich, als wäre sie verliebt, nein, es fühlte sich viel besser an, als nur verliebt zu sein. Da waren nicht nur flatternde Schmetterlinge im Bauch, sondern sie stand von morgens bis abends unter Spannung, einer Spannung, die sich anfühlte, als würde sie jemand überall unter ihrer Haut mit einer kalten Messerspitze kitzeln. Ihr Leben war auf einmal glamourös und geheimnisvoll. Wenn es nach ihr ginge, hätte das noch viel länger als nur achtzehn Tage so weitergehen können.

Und jetzt das. Neugierig betrachtete sie das Kuvert mit ihrem Namen und der leuchtenden Sechs und nahm es aus dem Kasten. Sie lief mit dem Umschlag wieder ins Haus. Ihre Eltern waren gerade dabei aufzubrechen. Mum war Direktorin an einem Gymnasium und Pa war dort Fachbereichsleiter für Mathe. Natürlich schämten sie sich für das, was mit Carla passiert war, weil es Anlass zu hämischem Gerede im Kollegium gegeben hatte. Manchmal kam es Nele so vor, als würden sie sie dafür hassen. Sie konnte es ihnen nicht verübeln, manchmal hasste sie sich ja selbst.

Am Frühstückstisch entdeckte Nele immerhin einen kleinen Schoko-Nikolaus, der vor ihrem Teller auf sie wartete. Sie rief ihren Eltern ein »Danke« hinterher, doch kaum war die Haustür zu, hatte sie nur noch Augen für den Umschlag in ihrer Hand. Jemand musste ihn persönlich in den Kasten geworfen haben. Er hatte also irgendwann gestern vor ihrer Tür gestanden. Ihre Haut prickelte wieder. Wer, verdammt, wer? Es war etwas Schweres drin. Mit zitternden Fingern riss sie das Kuvert auf. Darin war ein Schlüssel und er sah anders aus als alle Schlüssel, die sie je benutzt hatte. Ihr Herz klopfte wie rasend, als sie die zusammengerollte Botschaft überflog:

Ich verschone Dich mit der ganzen Schlüssel-Symbolik. Er liegt nur in Deiner Hand, weil ich das nicht anders hingekriegt hätte. Bitte versprich mir, dass Du heute noch nachschaust, was ich in diesem Schließfach am Hauptbahnhof für Dich deponiert habe, es geht quasi um Leben und Tod. Entschuldige, wenn ich so dramatisch werden muss, aber das ist heute wichtig. Wenn Dir nicht gefällt, was Du dort findest, lass einfach den Schlüssel stecken, schließe die Fachtür, aber sperre nicht ab. Und wenn Du es magst, was Dich erwartet, dann bitte ich Dich um ein Foto.

Hauptbahnhof. Wie in einem Gangsterfilm. Bilder von dubiosen Männern mit Hüten, Geldkoffern, Waffen in Plastiktüten wurden vor Neles Augen lebendig. Da muss ich sofort hin! Sie entschloss sich, den Unterricht zu schwänzen, rief in der Schule an und meldete sich krank. Endlich einmal war es von Vorteil, dass sie als zuverlässige Einserschülerin galt.

Als ihr Handy nach dem Ende der ersten Stunde klingelte, ging sie nicht dran. Es war Miranda, die fehlte ihr gerade noch.

Als sie aus dem Bus stieg, zitterten ihre Knie ein bisschen, während ihre Hände den Schlüssel mit der Nummer 57 mit schwitzenden Fingern umklammerten. Nele hatte keine Ahnung, wo am Hauptbahnhof die Schließfächer waren, und als sie die endlich entdeckt hatte, bemerkte sie zwei uniformierte Polizisten, die zwischen den Reihen auf und ab liefen. Die werden mich ganz sicher ansprechen, überlegte sie. Von wegen Schulschwänzerin. Besser, sie kam später wieder. In diesem Augenblick rief der eine seinen Kollegen, wedelte mit den Armen und dann stürmten die beiden aus der Bahnhofshalle.

Jetzt oder nie! Nele suchte die Reihen ab und hoffte nur, der Unbekannte wusste, dass sie viel kleiner war als alle anderen in ihrer Klasse. Wenn er ein Fach hoch oben über ihrem Kopf gemietet hatte, müsste sie jemanden um Hilfe bitten.

Aber die Nummer 57 war in der zweiten Reihe von unten.

Warum war sie nur so dermaßen aufgeregt, was glaubte sie denn, was da drin versteckt war? Ein Goldschatz oder was? Sie drehte den Schlüssel um, dabei hielt sie die Luft an. Sie hörte ein leises Rascheln. Da bewegte sich etwas.

Nele ging in die Hocke, um besser sehen zu können, und entdeckte eine Gitterbox, in der ein kleines weißes Kaninchen hockte. Es zitterte mit seinem schwarzen Näschen und sah dabei so zart aus, dass es ihr die Tränen in die Augen trieb. Das war das Schönste, was ihr jemals jemand geschenkt hat. Woher konnte der Kalenderbastler gewusst haben, dass sie sich schon immer ein Haustier gewünscht hatte, und zwar keinen Fisch, keine Schildkröte, nein, genau so eins mit weichem Fell. Ihre Eltern hatten das immer abgelehnt: zu unhygienisch und teuer. Sie zog die Box heraus, öffnete das Türchen und presste das kuschelige, zitternde weiße Kaninchen mit schwarzen Ohren an ihre Wange. Sie werden es mir verbieten, überlegte Nele, aber ich werde sie anflehen und behaupten, es gehört Miranda und wäre nur über Weihnachten bei uns. Höchstens ein ganz elender Unmensch könnte diesem Fellknäuel widerstehen. Sie setzte das Kaninchen wieder in die Box, fuhr zurück nach Hause und nahm einen Umweg in Kauf, um sich in einer Tierhandlung zu erkundigen, was man bei Kaninchen beachten musste, außerdem kaufte sie Kaninchenfutter.

Als sie zu Hause ankam, nahm sie das Kaninchen heraus, um es genau zu betrachten. Es war so zutraulich, als würden sie sich schon ewig kennen. »Ich werde dich Sam nennen«, flüsterte sie, »in der Zoohandlung haben sie gesagt, dass du ein Männchen bist, und ich werde dir draußen im Garten hinter dem Gerätehäuschen einen Stall bauen.« Sie setzte Sam auf ihr Bett, fotografierte ihn und lud das Bild bei Facebook hoch. Schon nach wenigen Sekunden hagelte es Kommentare. Alle fanden Sam soo süß.

Sie hätte sich gar keine Gedanken über ihre Eltern machen müssen. Sie waren so sehr mit den Vorbereitungen für die Schulweihnachtsfeier beschäftigt, dass sie Sam gar nicht bemerkten. Dieses Jahr mussten sie zusätzlich zum Weihnachtsbasar auch noch die Chorfahrt zum Adventssingen über den zweiten Advent organisieren.

Am nächsten Morgen betrachtete Nele mit Sam auf dem Arm Überraschung Nummer 7. Sie konnte sich zwar nicht vorstellen, dass in dem Kalender irgendetwas drin sein konnte, was noch schöner war als Sam. Trotzdem war sie noch gespannter als je zuvor und beschloss, das Gefühl noch eine Weile auszukosten und ihr Geschenk erst nach der Schule aufzumachen. So ähnlich muss es sein, wenn man Drogen nimmt, dachte sie, man versucht, dem Reiz so lange wie möglich zu widerstehen, und dann, wenn man sich ergibt, ist es umso schöner.

Als Nele am Nachmittag nach Hause kam, wartete bereits eine Benachrichtigung der Post auf sie: Ein Päckchen war bei den Nachbarn abgegeben worden. Sofort stieg ihre Spannung. War das vielleicht wieder eine neue Idee des Adventskalenderschenkers?

Doch als die Nachbarin ihr das Päckchen reichte, spürte Nele, wie etwas in ihr zusammenbrach, denn sie erkannte es sofort. Es war das Päckchen, das sie Carla geschickt hatte. *Annahme verweigert*, stand da in dicken Blockbuchstaben. Ihre Schwester musste immer noch eine Mordswut auf sie haben, wenn sie diese Leckereien verweigerte. Miranda hatte behauptet, aus sicherer Quelle zu wissen, dass man dort nur den letzten Fraß bekäme und ganz sicher nie Kuchen oder Plätzchen. Und alles nur, weil sie Carla hatte helfen wollen.

9. Dezember

Miranda wollte unbedingt mitkommen, um Sam anzuschauen, und es war Nele nicht gelungen, sie abzuwimmeln. Doch jetzt war sie froh darüber, denn Sam war verschwunden. Obwohl Nele sicher war, ihn in ihrem Zimmer eingesperrt zu haben. Nie hätte sie riskiert, dass Sam plötzlich in der Küche auftauchen und ihre Eltern überraschen könnte.

Sie durchsuchten das ganze Haus und fanden Sam schließlich zitternd in einer Ecke im Heizungskeller. Wie er es dorthin geschafft hatte, war Nele ein Rätsel. Sein weißes Fell war von dem vielen Staub hier unten ganz grau. Wieder oben in ihrem Zimmer, versuchte Miranda, sein Fell zu bürsten, doch Sam entwischte ihnen erneut. Diesmal kam er aber nicht weit, denn Nele hatte sich vergewissert, dass die Zimmertür richtig zu war.

Völlig erledigt öffnete Nele schließlich das neunte Päckchen, in dem sich nur ein Brief befand. *Heute Abend um sieben Uhr habe ich eine Überraschung für Dich, auf dem Hockeyplatz von Deinem Verein, aber nur wenn Du allein kommst. Ich fänd's cool, wenn Du auftauchst.*

»Und?«, fragte Miranda, aber Nele hatte keine Lust, ihr den Zettel zu zeigen, bestimmt würde sie mitgehen wollen. Aber Miranda war nicht zu bremsen, warf sich auf Nele und rangelte so lange mit ihr, bis sie ihr den Zettel entrissen hatte.

»Okay, jetzt glaube ich auch, dass das ein Typ sein muss, kein Mädchen der Welt würde sich mitten in der Nacht allein auf diesem gottverlassenen Hockeyplatz verabreden.

Der spinnt wohl.« Sie schüttelte den Kopf und schnaubte so empört, dass Nele ihr einfach widersprechen musste.

»Sieben Uhr abends ist nicht mitten in der Nacht.«

»Unsinn! Es ist dunkel und bei dem Wetter ist da keine Menschenseele. Es sei denn, ich komme mit!«

Nele überlegte blitzschnell, sie musste Miranda loswerden, aber wie? »Du hast recht, ich gehe da nicht hin.«

»Aber wenn es so eine tolle Überraschung ist wie Sam?«, fragte Miranda dann nachdenklich.

»Egal, ich tu's nicht.«

»Du lügst, du willst nur nicht, dass ich mitkomme!« Miranda grinste so breit, dass Nele nicht anders konnte, als zurückzugrinsen.

»Okay, ja, ich muss einfach hin, ich sterbe vor Neugier und ich gehe allein.«

»Aber gib mir nicht die Schuld, wenn dir jemand die Kehle aufschlitzt«, Miranda fuhr sich energisch mit ihrer Handkante über den Hals, verdrehte die Augen und röchelte. »Und wenn du dann ganz langsam im Schnee verblutest.«

Nele schüttelte so heftig den Kopf, dass die langen blonden Haare ihren Rücken peitschten. »Du solltest nicht so viele miese Thriller lesen. Die Welt ist vielleicht voller Nerds, aber doch nicht voller Psychopathen. Außerdem, warum sollte sich ein Psychopath oder Killer die Mühe mit diesem Kalender machen?«

»Das liegt doch auf der Hand, es ist ein ganz besonders verrückter Psychopath!«

»Unsinn. Was war denn an den Geschenken bis jetzt psychopathisch?« Nele verdrehte demonstrativ ihre Augen und sprach mit Gruselstimme. »Ohoho, die Geister-

Plätzchen fürs Kinderheim? Das Armband des Todes … Ne, echt, hör doch auf!«

»Nimm dein Handy mit, wähl meine Nummer, sodass du im Notfall nur noch auf die grüne Taste drücken musst, und wenn du bis um acht nicht angerufen hast, erzähle ich alles deinen Eltern.«

Nele kannte den Blick ihrer Freundin nur zu gut, wenn ihre blauen Augen so dunkel wurden wie Gewitterwolken, dann war nicht mit ihr zu spaßen. Also nickte sie und versprach es ihr.

Der Hockeyplatz war nur eine Viertelstunde zu Fuß von ihrem Haus entfernt, er lag hinter einem Hügel im Stadtpark. Nele fütterte Sam und zog sich warm an, denn es hatte wieder angefangen zu schneien. Während sie durch die blinkenden, weihnachtlich geschmückten Straßen zum Hockeyplatz lief, grübelte sie darüber nach, was für eine Überraschung sie diesmal erwarten würde. Unwillkürlich wanderten ihre Gedanken wieder zu Leon, der heute Morgen so unverschämt gut ausgesehen hatte, mit seinen schwarzen lockigen Haaren und diesem süffisanten Grinsen. Nach der ersten Pause hatte er aber nicht mehr viel gelacht, denn jemand hatte sein Handy geklaut. Dann ging Nele noch mal alle durch, die als Schenker infrage kamen: Sebastian, der Ich-Gorilla. Jan, der hübsche Computer-Nerd, der – so ging jedenfalls das Gerücht – sogar Figuren bastelte, um sie in 3-D für seine Spiele programmieren zu können. Oder ihr Ex Jonas, die Sportskanone, der sich vielleicht wieder mit ihr versöhnen wollte. Nein, ermahnte sie sich, du hast ihn doch gestern mit Mirjam rumknutschen sehen, hak ihn ab. Die kleinen Schneeflocken fielen immer schneller und dichter, prickelten an ihrer Wange und bildeten auf der Erde einen Teppich, der unter ihren Füßen knirschte.

Der Schnee und die Lichter zauberten ein breites Lächeln auf Neles Gesicht, während sich ihr Bauch anfühlte, als ob Eiszapfen darin Tango tanzten. Ob er wohl hier auf sie wartete?

Noch nie hatte sich jemand solche Mühe gegeben, ihr eine Freude zu machen. Offensichtlich fand irgendwer, sie wäre es wert, so einen Aufwand zu betreiben. Wer auch immer dahintersteckte, jetzt war sie bereit, ihn mit anderen Augen zu sehen, ihm eine Chance zu geben. Als sie näher zum Hockeyplatz kam, bemerkte Nele flackerndes Licht, es sah aus, als ob der Schnee brennen würde. Sie beschleunigte ihren Schritt. Erst als sie fast davorstand, erkannte sie, was es war. Jemand hatte mit roten Windlichtern ihren Namen in den Schnee geschrieben, mit einem Herz aus Lichtern umrandet und alle angezündet. Gerührt blieb Nele stehen und machte ein Foto mit ihrem Handy, denn Miranda würde ihr kein Wort glauben. Verstohlen sah sie sich nach allen Seiten um, irgendwo musste der geheimnisvolle Briefeschreiber doch stecken. Die Lichter waren kaum abgebrannt, er konnte sie gerade erst angezündet haben. Als sie zum Tor sah, fiel ihr Blick auf etwas, das an einem Pfosten baumelte. Sie lief hinüber, um es genauer zu betrachten. *Für Nele* stand da, auf einem Briefumschlag, der ans Tor genagelt war. Sie brauchte eine Weile, um ihn abzulösen. Schließlich musste sie ihre dicken Handschuhe ausziehen, um ein besseres Gefühl in die Finger zu bekommen. Ihre Hände wurden schnell klamm von der Kälte, aber dann hatte sie es geschafft. Sie beleuchtete den Brief mit ihrem Handydisplay. Da lag eine Kinokarte, für den Film *Stirb langsam* für heute um 20:15 Uhr. Auf dem Zettel stand: *Es tut mir leid, dass ich so schüchtern bin, aber wenn Du mich kennenlernen möchtest, wäre das heute Abend im Kino die Gelegenheit. Aber wahrscheinlich hat ein Mädchen wie Du ja schon etwas Besseres vor.*

Nein, dachte Nele, sie hatte rein gar nichts vor und ihre Eltern waren auf dem Weihnachtsbasar. Ich werde hingehen, beschloss sie. Das Schneegestöber war so dicht geworden, dass Nele kaum eine Handbreit weit sehen konnte. Sie stampfte durch den jetzt fast schon knöchelhohen Schnee zum Bus, der sie ins Royal-Kino bringen würde.

Ihr Handy klingelte, es war Miranda, die auf Facebook das Foto gesehen hatte und wissen wollte, ob alles okay war. Nele beruhigte sie und behauptete dann, sie wäre auf dem Weg nach Hause – sofort beim Auflegen hatte sie ein schlechtes Gewissen. Doch das hielt nicht lange an, zu groß war das aufgeregte Pochen, das durch all ihre Adern summte.

Im Kino war nur wenig los. Nele kaufte sich einen Riesenbecher salziges Popcorn und eine Cola, um sich an etwas festhalten zu können, und betrat langsam den Saal, Reihe 15, Nr. 34.

Auf Sitz 33 saß schon jemand. Sie kniff die Augen zusammen, konnte aber so auch nicht besser sehen, wer es war. Erst als sie ihren Platz schon fast erreicht hatte, erkannte sie ihn. Es war Jan. Sofort wurde ihr klar, warum sie ihn nicht gleich erkannt hatte. Er war so aufgestylt, wie sie ihn noch nie gesehen hatte. Seine blonden Haare hatte er stachelig hochgegelt und statt seiner üblichen Hemden trug er einen dunkelgrünen Hoodie. Dann war er also der geheimnisvolle Kalendermann. Warum sonst hatte er sich so zurechtgemacht? Das hättest du dir denken können, wisperte eine Stimme in Neles Kopf, *Stirb langsam,* also ehrlich, was für ein blöder Film!

Jan lächelte sie überrascht an, als hätte er nicht damit gerechnet, sie hier zu sehen. Gerade als sie ihn fragen wollte, warum er sich all das ausgedacht hatte, setzte sich jemand mit viel Getöse neben sie auf Platz 35.

Als sie unwillkürlich den Kopf drehte, schoss das Adrenalin durch ihren Körper, als würde sie kopfüber an einem Bungeeseil hängen. Leon! Breit grinste er sie an, als würde es ihn köstlich amüsieren, die heimlich Verliebten, Nele und Jan, im Kino zu überraschen.

Nele überlegte, wie sie Leon elegant begreiflich machen konnte, dass sie nicht Jans Freundin war.

»Na, so ein Zufall!«, Leon grinste noch breiter zu ihr hin. »Wir drei Hübschen alle in einer Reihe.«

Nein, das war kein Zufall, jemand spielte mit ihr. Alles Blut sackte in Neles Magen und machte ihr Hirn zu einem toten Organ, das so laut rauschte wie ein defekter Fernseher, unfähig, ein Wort herauszubringen.

Jan hatte nun auch Leon entdeckt und schien in den Sessel zu schrumpfen. Nele fühlte sich furchtbar unwohl. »Will jemand Popcorn?«, fragte sie und war froh, dass sie so einen großen Eimer gekauft hatte.

»Nein«, Jan klang, als wäre ihm schlecht, aber Leon griff zu.

Wer von den beiden hatte ihr den Kalender geschenkt? Nele zwang sich, klar zu denken. Es konnte doch kein Zufall sein, dass in diesem halb leeren Kino ausgerechnet auf den beiden Plätzen links und rechts neben ihr Jungs aus ihrer Klasse saßen.

Verstohlen betrachtete sie Leons Profil, er war geradezu verboten hübsch. Warum sollte er so etwas tun? Er könnte doch jede haben. Sie drehte sich zu Jan, der sie offensichtlich auch gerade angeschaut hatte und jetzt gequält anlächelte.

Es musste Jan sein. Aber wenn es Jan war, was machte dann Leon hier, der würde sich doch keinen Konkurrenten herbestellen?

Oder hatte vielleicht ein Dritter sie alle hierher gelockt.

»Was haltet ihr zwei eigentlich von Adventskalendern?«, fragte sie und ärgerte sich, dass sie nicht gleichzeitig beide Jungs im Blick haben konnte, sondern immer hin und her schauen musste.

»Adventskalender?« Jan wandte sich Nele zu und suchte ihren Blick, während Leon leicht, wie zufällig, über ihren Arm strich. Als sie ihn daraufhin ansah, lächelte er sie so merkwürdig an, dass ihr der Schweiß ausbrach.

»Diese Kalender sind doch nur was für kleine Mädchen«, sagte Leon, »solche, die noch an den Weihnachtsmann und Osterkaninchen glauben.«

Kaninchen? Warum redete er von Kaninchen?

»Blödsinn«, mischte sich Jan ein, »ich liebe Adventskalender. Früher hab ich immer die Playmobilkalender gekriegt.« Als Leon leise aufstöhnte, fügte Jan schnell hinzu, dass das wirklich schon sehr lange her war.

»Magst du diese Art von Filmen?«, fragte Leon und Nele wusste nicht, was sie antworten sollte. Erst jetzt wurde ihr klar, dass sie in einem Kino saß, um einen Film zu sehen, der sie nicht im Geringsten interessierte, nur weil ein Unbekannter es geschafft hatte, sie wie eine Marionette zu steuern.

Kälte stieg von ihren nassen Füßen in ihren Körper und ließ sie erstarren. Sie hing an Fäden und tat alles, was man von ihr wollte! Am liebsten wäre sie aus dem Kino gerannt, doch dann wurde ihr klar, dass einer der beiden Jungs der Puppenspieler sein musste. Aber welcher von ihnen?

Es wurde dunkel und der Hauptfilm begann.

»Wer von euch hat mir den Kalender geschickt?«, fragte Nele, während der Vorspann lief. Wenn ich zu Hause bin, werde ich alle Päckchen aufmachen, beschloss sie, ich will keine ferngesteuerte Marionette sein.

»Ich verstehe nur Bahnhof«, Leons anbetungswürdiger Mund verzog sich zu einem seltsamen Lächeln und er legte seine Hand ziemlich dominant auf die Armlehne. Was sollte dieser Annäherungsversuch? Im gleichen Moment machte sich Jan auf der anderen Seite genauso breit.

Völlig verwirrt versuchte Nele zu verstehen, was hier vorging. Plötzlich stand Jan auf und quetschte sich an ihr vorbei Richtung Ausgang. Gerade als sie sicher war, dass Leon hinter alldem stecken musste, stand auch er auf und verließ den Kinosaal.

Sie hatte überhaupt keinen Hunger und Bruce Willis war ihr vollkommen gleichgültig. Trotzdem schaufelte Nele das Popcorn in sich hinein, als wäre sie am Verhungern, während sie verzweifelt versuchte zu verstehen, was hier ablief. Mal angenommen Leon oder Jan hatte ihr den Kalender geschenkt, warum benahmen sie sich dann beide so merkwürdig?

Es gab nur einen Weg, das herauszufinden, sie musste ihnen nachgehen und mit ihnen reden. Sie ließ Popcorn und Cola stehen, sprang auf und tastete sich durch das dunkle Kino nach draußen. Wütend auf sich selbst sah sie sich suchend um. Das hätte sie gleich tun müssen, Klartext reden! Doch der mit dickem rotem Teppichboden belegte Gang war leer. Nur etliche Popcornkrümel sprangen ihr ins Auge und erinnerten sie daran, dass sie ihren Becher stehen gelassen hatte. Sie lief weiter in den Vorraum. Nichts, nur eine Gruppe Mädchen, und zu ihrer großen Überraschung befand sich Miranda darunter, die so tat, als würde sie Nele nicht sehen.

Nele winkte ihr zu, aber Miranda drehte sich weg. Nele fühlte sich schuldig, weil sie ihr die Kinokarte verschwiegen hatte, aber Miranda hatte auch mit keiner Silbe erwähnt, dass sie ins Kino wollte. Morgen mussten sie sich aussprechen, aber jetzt wollte Nele nur noch nach Hause, dort würde sie alle Beutel aufreißen. Schluss, aus, Ende.

Zu Hause angekommen, klingelte das Telefon. Nele versuchte alles, um es zu ignorieren, aber es hörte einfach nicht auf, sie zu nerven.

Kaum hatte sie den Hörer abgenommen, da wurde sie schon von einer schrillen Frauenstimme angebrüllt. »Sie ist weg, einfach abgehauen. Das ist gegen alle Regeln. Wir werden Ihre Tochter nicht wieder hier aufnehmen. Wer sich so benimmt, hat sein Aufenthaltsrecht verspielt. Das haben Sie vorher schon gewusst.« Als Nele stumm blieb, atmete die Frau ein paar Mal, dann schien ihr klar zu werden, dass sie gar nicht wusste, wer am anderen Ende der Leitung war. »Mit wem spreche ich?«

»Seit wann ist Carla weg?«, fragte Nele.

Die Frau räusperte sich. »Das wissen wir nicht so genau, weil wir heute einen Ausflug gemacht haben, sicher ist, dass sie zum Mittagessen noch hier war.«

Warum war ihre Schwester aus der Entzugsklinik abgehauen? Carla wusste doch, dass das alles nur schlimmer machen würde. Wenn ihre Eltern das herausfanden, würden sie zu noch härteren Maßnahmen greifen. Nele war ganz sicher, dass sie niemals ohne Grund abhauen würde. Einen triftigen Grund. Bilder zogen vor Neles innerem Auge vorbei, in denen Psychologen oder Pfleger sich an ihre blonde, zarte und schöne Schwester ranmachten. Ihr wurde übel. Und wo würde Carla Hilfe suchen? Früher hätte es nur eine Antwort gegeben. Bei Nele. Aber das war vorbei. Obwohl Carla immer beliebt gewesen war, konnte sie sich nicht vorstellen, dass sie zu einer Freundin flüchten würde. Vielleicht zu Leon?

»Sind Sie noch dran?« Die Frau wirkte völlig erschöpft.

»Ja. Hat sich Carla merkwürdig benommen?«

»Nicht, dass ich wüsste. Allerdings glauben wir, dass in dem Adventskalender, der ihr geschickt wurde, Drogen versteckt waren und dass das den Rückfall ausgelöst hat.«

Neles Hand zermalmte fast den Hörer. Ein Kalender … »Haben Sie den Kalender mal gesehen?«

»Selbstverständlich, ich habe ihn überprüft, wir haben jeden einzelnen Beutel durchleuchtet und einen Drogenhund daran schnuppern lassen. Aber vielleicht wurde da etwas getrickst.« Die Frau klang so, als würde sie den, der ihr das angetan hatte, am liebsten köpfen. »Ich nehme meine Verantwortung sehr ernst. Warum fragen Sie?«

»Wie hat der Kalender ausgesehen?«

»Was wissen Sie darüber?«

»So kommen wir nicht weiter.« Nele seufzte. »Bitte, es ist sehr wichtig!«

»Das waren weiße Beutel, die an einer dicken Kordel hingen, verschieden groß. Es sah sehr hübsch aus.«

»Können Sie nachschauen, was heute in dem Geschenk war?«

»Warum?«

»Tun Sie's einfach. Bitte!«

Es raschelte und knackte, als ob die Frau das Telefon in eine Jackentasche gepackt hätte, dann nach einer Ewigkeit meldete sie sich wieder.

»Der Kalender ist weg.«

»Schauen Sie in den Mülleimer, ob da vielleicht etwas drinliegt.« Nele fragte sich, woher sie die Kraft für solche Anweisungen nahm.

»Da ist nichts, nur eine Quittung von einer Zoohandlung.«

Nele zitterte am ganzen Körper. »Und steht etwas darauf?«

»Moment«, es raschelte wieder, dann klang es, als würde jemand etwas glatt streichen. »Ja, auf der Rückseite mit Lippenstift.

Liebe verlangt, dass man über sich hinauswächst, denn die Liebe ist stärker als der Tod. Sam.«

Nele stellten sich alle Haare auf, es fühlte sich an, als wären sie schockgefroren.

Sie legte auf und rannte in ihr Zimmer. Eine Zoohandlung. Sam. Das war auch wieder kein Zufall. Warum schickte man ihnen beiden einen Kalender und was hatte dieser Spruch zu bedeuten? Sie fand Sam nirgends in ihrem Zimmer. »Sam«, schrie sie, »Sam, wo bist du?«

Schließlich gab sie es auf und tat, was sie schon längst hatte tun wollen. Nele riss alle Päckchen von der Leine und begann, sie zu öffnen. In dem von morgen befanden sich ein Stadtplan und diese Botschaft:

Es tut mir leid, dass das mit dem Kino so dermaßen in die Hose gegangen ist, vielleicht hätte ich einen besseren Film aussuchen sollen.

Nele hielt die Luft an. Er hatte das Desaster also geplant. Aber warum?

Entschuldige, aber vielleicht kann ich cooler sein, wenn Tiere dabei sind. Wenn Du die Geschwister von Sam kennenlernen willst, dann lade ich Dich ein, sie heute Abend zu besuchen. Vielleicht bringst Du Sam auch mit, wenn Du ihn findest. Kaninchen sind nicht gerne allein, genauso wenig wie ich. Ich könnte Dir das Gehege zeigen, das ich ihnen gebaut habe. Vielleicht ist ja auch Carla da.

Stopp. Carla? Was sollte dieser Satz? War Carla etwa deshalb aus der Klinik weggelaufen? *Wie auch immer, wir werden ab sieben Uhr im Erikaweg 16 auf Dich warten, bis um zehn Uhr.*

Die Gedanken in Neles Kopf überschlugen sich. Ihr Atem ging so schnell, als wäre sie gerade zehn Kilometer um ihr Leben gerannt.

Dort wartete der Puppenspieler morgen auf sie und ganz offensichtlich war es ihm auch gelungen, Carla irgendwie dorthin zu locken. Aber was wollte er von ihnen?

Das war ihre Chance, jetzt konnte sie ihm zuvorkommen. Wenn sie sofort dorthin ginge, konnte sie den Spieß umdrehen und ihn ausspionieren. Er konnte unmöglich wissen, dass sie schon von Carlas Kalender wusste und davon, dass ihre Schwester abgehauen war. Jetzt war sie ihm einen Schritt voraus und nur so konnte sie ihm auf die Schliche kommen.

Nele sah sich den Stadtplan an, der Erikaweg 16 gehörte zu einer kleinen Schrebergartenanlage im Osten der Stadt.

Da fuhr so spät kein Bus mehr hin. Sie lief zur Haustür und sah hinaus. Es schneite immer noch, aber mit Papas Mountainbike, das mit den breiten Profilreifen, könnte sie es schaffen. Die Schrebergartenanlage war nicht sehr weit von ihrem Haus entfernt. Doch dann wurde ihr klar, dass es besser war, kein Risiko einzugehen und zu Fuß loszumarschieren, das würde sogar bei den Schneemassen höchstens eine halbe Stunde dauern.

Sie schrieb einen Zettel an ihre Eltern, dass sie bei Miranda schlafen würde wegen eines Referats, das sie morgen halten mussten. Dann schnappte sie sich die Taschenlampe, die immer unter dem Sicherungskasten lag, und verließ das Haus.

9. Dezember, abends

Auf dem Weg zum Erikaweg hielt Nele ihr brennendes Gesicht immer wieder gen Himmel, damit die herunterwirbelnden Schneeflocken es abkühlten. Währenddessen versuchte sie, Ordnung in ihren Kopf zu bringen. Tat sie das Richtige oder war es genau das Falsche – war das eine raffiniert aufgebaute Falle? Nein, entschied sie, so weit konnte niemand die Reaktionen anderer Menschen im Voraus planen, nicht mal der Kalenderschenker.

Als sie etwa die Hälfte des Weges hinter sich gebracht hatte, wurde ihr klar, dass sie gar nicht alle Päckchen ausgepackt hatte – ob das ein Fehler gewesen war? Sie überlegte, ob sie zurückgehen sollte, aber der Gedanke, sich durch den mittlerweile schon wadenhohen Schnee zurückzukämpfen und dann wieder loszulaufen, hielt sie davon ab. Dann dachte sie an Sam und fragte sich, wie er es diesmal aus ihrem Zimmer hinausgeschafft hatte.

Sie bog in den Ginsterweg ein, von dort musste sie noch zweimal links gehen, vom Glockenblumen- in den Krokusweg, der dann direkt in den Erikaweg mündete.

Auch wenn es mühsam war, Schritt für Schritt durch den tiefen Schnee zu stapfen, war Nele dankbar für jede einzelne weiße Flocke, denn dort, wo die Schneedecke unberührt von Spuren war, konnte auch niemand sein. Wenn der Erikaweg 16 also komplett spurenfrei war, dann würde sie so lange suchen, bis sie ein Namensschild gefunden hatte, das ihr verraten würde, wer hinter alldem steckte.

Nele war nicht nur froh über den Schnee, sondern auch darüber, dass in vielen Schrebergärten Solarlichterketten aufgehängt worden waren. Sie schmückten aufgestellte Elche, Nikoläuse und Sterne, blinkten um die Wette und erhellten in regelmäßigen Abständen die Dunkelheit. Abgesehen davon gab es hier keinen Strom und keine Straßenlaternen. Noch einmal nach links, dann hatte sie es geschafft. Nele war so schnell gelaufen, dass sie immer wieder kurz stehen bleiben musste, um zu verschnaufen.

Jetzt betrachtete sie mit Erleichterung die unberührt vor ihr liegende glitzernde Schneedecke. Sie wischte sich den Schweiß von der Stirn und hörte ihn wegen der dicken Fellmütze nicht kommen.

Der Knüppel traf sie völlig unvorbereitet im Rücken. Die Wucht des Schlages schmetterte sie sofort zu Boden, ihr Gesicht landete im Schnee, der wie ein eisiges Polster die Härte des Aufpralles milderte. Die Kälte verhinderte, dass sie das Bewusstsein verlor. So spürte sie deutlich den unerträglichen Schmerz in ihren Rippen und die Hand, die sie an den Knöcheln packte und durch ein quietschendes Gartentor schleifte.

9. Dezember, kurz vor Mitternacht

Es war jetzt schon nach elf Uhr, wo, verdammt, waren denn nur alle? Carla schossen Tränen in die Augen, als sie das Chaos in Neles Zimmer sah. Alles war durcheinander, auf dem Bett ihrer älteren Schwester lag ein Adventskalender, der genauso aussah wie ihrer. Dennoch vermutete Carla, dass andere Dinge darin gewesen waren als in ihrem. Aber jetzt war keine Zeit, sich darüber Gedanken zu machen, sie musste Nele finden. Sie bückte sich zu der Gitterbox, die war neu. Hatten sie ihr etwa ein Haustier zum Trost gekauft?

Obwohl sie alles dafür getan hatte und sogar zu wildfremden Typen ins Auto gestiegen war, um so schnell wie möglich bei Nele zu sein, war sie zu spät gekommen. Leon, dieses miese Schwein, hatte seine Drohung wahr gemacht und sie sich geschnappt, nur um Carla weichzukochen.

Dabei hatte sie bei allen Befragungen dichtgehalten und niemandem erzählt, woher das Koks stammte, das man in ihrem Zimmer gefunden hatte. Natürlich hatte sie Nele gehasst, weil die sie verraten hatte. Dabei hatte sie es nicht gleich beim ersten Mal getan, erst nachdem sie Carla dabei erwischt hatte, wie sie in ihrer Hockeymannschaft Tütchen mit Koks und Marihuana verkauft hatte – da hatte ihre Schwester ihr ein Ultimatum gestellt. Ich hätte ihr glauben sollen, dachte Carla, während sie auf der Suche nach Nele durch die Wohnung lief. Aber ich war ständig high und dachte, ich wäre unverwundbar. Nie hätte sie damit gerechnet, dass Nele irgendwann nicht mehr die Klappe halten würde. Wie unerträglich sie die kleine Spießerin in ihrer selbstgerechten Art gefunden hatte. Ihr Gelaber von Persönlichkeitsveränderungen, vom Kriminellsein, vom Abhängigsein. Spätestens als Carla mitbekommen hatte, dass Nele in Leon verknallt war, da war sie dann ganz sicher, dass ihr Schwesterherz nichts sagen würde. Für Nele waren sie und Leon ein Paar und da würde sie sich niemals zwischenmogeln. Nele hatte nie etwas von Leons Stimmungsschwankungen bemerkt, sie sah in ihm nur den strahlenden Helden. Und jetzt hatte er sie in seine Gewalt gebracht, nur weil er sichergehen wollte, dass Carla weiter den Mund hielt. Ich hätte ihn nicht warnen dürfen, dachte Carla. Ich hätte ihm nicht die Chance geben sollen, sich zu ändern. Wie konnte ich nur so dumm sein? Das kommt von diesen blöden therapeutischen Gesprächen, irgendwann haben sie dich komplett weichgespült.

In der Küche stand ein riesiger Kochtopf auf dem Herd, den ihre Mutter sonst nur für Partys verwendete. Aber hier war nichts dergleichen im Gange, im Gegenteil. Es war totenstill. Sie nahm den Deckel ab, spähte hinein, sofort schoss ein Schwall Magensäure in ihren Mund und der Deckel fiel ihr aus der Hand und schepperte zu Boden.

In dem Topf lag ein weißes Zwergkaninchen – oder zumindest das, was davon übrig war: Der Kopf fehlte und das Fell war blutüberströmt. Carlas Herz raste.

Was war hier los? Nie im Leben wollte ihre Mutter so etwas kochen. Nele aß schon seit fünf Jahren kein Fleisch mehr und niemand würde ein Kaninchen auf diese Art schlachten oder samt Fell in einen Topf tun. Nein, hier ging etwas verdammt Teuflisches vor sich.

Sie lief zurück in Neles Zimmer und machte sich daran, das Gewirr der Päckchen auf dem Bett zu durchsuchen. Miranda hatte sie bereits beim Reinkommen angerufen, gleich nachdem sie den Zettel ihrer Schwester im Flur entdeckt hatte. Doch die war reichlich kurz angebunden und hatte nur gemeint, seit Nele den Kalender hätte, würde sie nur noch lügen und sie wäre nicht bei ihr.

Als der Kalender angekommen war, hatte Carla zuerst gedacht, er wäre von Nele, aber dann war ihr schnell klar geworden, dass er von einem Spinner sein musste. Niemals wäre ihr auch nur im Traum eingefallen, dass derselbe Absender auch Nele mit seinen Liebesschwüren belästigen würde. Carla war stinkwütend gewesen, als Neles Päckchen mit den Keksen zurückgeschickt werden musste. Nur weil ihre Therapeuten den Verdacht hatten, es könnten Haschkekse darin sein. Sie hatte versucht, Nele zu schreiben, aber sobald sie ihre Worte auf dem Papier gesehen hatte, waren sie ihr lächerlich vorgekommen und jetzt war sie weg. Sie strich den Zettel glatt, der zerknüllt auf dem Bett lag, und stutzte: »Carla wird vielleicht auch da sein …« Sie kannte die Schrift von den Zetteln aus ihrem Kalender. Aber es hatte doch niemand wissen können, dass sie nach Hause fahren würde, um Nele alles von Leon zu erzählen. Sie hatte ihm eine Message auf sein Handy geschickt, um ihn zu warnen, und seine Antwort war kurz und knapp. »Dafür wirst du bezahlen und deine Schwester nehme ich schon mal als Anzahlung.«

Daraufhin war sie abgehauen, das war sie Nele schuldig. Wenn sie ehrlich war, fühlte es sich nämlich unheimlich gut an, das Hirn wieder klar zu haben. Sosehr sie das Highsein auch vermisste, so wenig wünschte sie sich das Downsein zurück.

Erikaweg. Die Schrebergärten hatten alle Blumennamen. Kann es sein, dass Nele dorthin gegangen ist, weil sie dachte, ich wäre dort? Obwohl es schon so spät war, rief Carla alle Freundinnen von Nele an, die ihr einfielen. Dann versuchte sie es wieder auf Neles Handy. Als Letztes rief sie Leon auf seinem Handy an, aber genau wie Nele war auch er »vorübergehend nicht erreichbar«. Was sollte sie nur tun? In ihrer Fantasie sah sie Leon, wie er sich bei Nele einschmeichelte und sie dann mit Drogen vollstopfte. Ihre Schwester sah immer nur das Gute in allen. Nein, es gab nicht viel, was sie tun konnte, es blieb nur der Erikaweg 16 mit der rätselhaften Botschaft.

10. Dezember, früh am Morgen

Ich muss bewusstlos gewesen sein, überlegte Nele, als sie mit starken Kopfschmerzen wieder zu sich kam. Sie saß auf einem Stuhl, an den sie jemand mit Armen und Beinen gefesselt hatte. Etwas lag auf ihrem Schoß, aber es war zu dunkel, um zu erkennen, was es war.

»Warum bin ich hier?«, rief sie in den kalten Raum. »Was ist das für ein Scheißspiel?«

Sie erschrak, wie eingeschüchtert sie klang. Ich sollte mich kämpferischer zeigen, dachte sie und wiederholte ihre Frage zorniger.

»Spiel?«, wiederholte jemand mit sanfter Stimme. »Das hier ist kein Spiel. Bei einem Spiel gibt es Verlierer und Gewinner. Aber bei Verrat verlieren alle. Manche das, was sie geliebt haben, und manche sogar ihr Leben.«

»Schluss mit diesem kryptischen Scheiß.« Neles Wut war jetzt stärker als ihre Angst. »Zeig dich, du Psycho!«

Eine schwarz gekleidete, maskierte Gestalt tauchte auf und strahlte ihr mit einer Taschenlampe entgegen. Durch die Maske konnte sie sein Gesicht nicht erkennen, aber das, was auf ihrem Schoß lag.

»Sam!«, flüsterte sie entsetzt, ihr wurde übel und sie schloss die Augen, aber es war zu spät. Niemals würde sie den Anblick seines abgetrennten Kopfes auf ihrem Schoß vergessen. Sie atmete flach, um sich nicht übergeben zu müssen.

»Du hast hier gar nichts zu befehlen. Jetzt verstehst du vielleicht, wie es ist, wenn man etwas Geliebtes verliert. Aber es geht nicht um mich. Es geht um den einzigen Menschen, der mir jemals etwas bedeutet hat und den du mir genommen hast. Und heute mache ich ihr ein Geschenk, das ihrer würdig ist. Ich bestrafe dich für die ungeheuerliche Geschichte, die du dir ausgedacht hast. Nur weil du dich selbst an Leon heranmachen wolltest und dir klar war, dass du neben Carla so viele Chancen hättest wie eine Eule neben einem Flamingo.«

Wer war der Typ? Die Stimme kam ihr vage bekannt vor, aber hinter der Maske klang sie so dumpf, dass es Nele nicht gelang, sie jemandem zuzuordnen. Ich muss alles tun, damit er weiterredet, beschloss sie, dann komme ich vielleicht darauf.

»Ich habe mir nichts ausgedacht«, widersprach sie, um im Gespräch zu bleiben, »das war alles die Wahrheit.«

Er kam mit der Lampe auf sie zu, blendete sie wieder und schlug ihr wütend ins Gesicht. Der Schmerz zog stechend von den Zähnen durch ihre Ohren in ihr Gehirn. Metallischer Blutgeschmack breitete sich in ihrem Mund aus.

»Halt 's Maul. Du bist nur noch nicht tot, weil ich nicht weiß, was deine Schwester bevorzugen würde.«

»Meine Schwester liebt mich, sie würde mich niemals tot sehen wollen.«

Der Typ kicherte leise. »Hoffnungslose Romantikerin. Aber vielleicht hast du recht, sie würde kein Blutvergießen wollen. Ich möchte auch den Beginn unserer wundervollen Freundschaft nicht besudeln, aber sie hätte sicher nichts dagegen, wenn du einfach verschwindest. Für immer. Und die Details brauchen sie nicht zu interessieren. Nach meiner Erfahrung sind Leichen ein sehr ergiebiger Dünger. Schau dir mal Friedhöfe an, wie üppig da alles wächst!«

Wer zur Hölle war dieser Psycho? Ganz sicher nicht Leon, der würde doch nie über so was wie Dünger auch nur nachdenken!

»Und wozu der ganze Aufwand mit dem Kalender?«

Es raschelte, dann schimmerte etwas, wie der Faden von einem Spinnennetz, mehrere Fäden, dann blitzte wieder das Licht auf und Nele erkannte eine Marionette. Die Figur hatte lange blonde Haare, ihr Gesicht erinnerte Nele an sich selbst.

»Ich spiele eben gern, aber nur, wenn ich die Kontrolle habe, nur dann kann man gewinnen.«

In diesem Augenblick polterte und krachte es hinter dem Typ.

Er drehte sich um und legte immer noch sehr beherrscht und langsam seine Marionette ab. Aber diese Langsamkeit wurde ihm zum Verhängnis, ein Stuhl wurde über seinen Kopf gehauen und er brach zusammen. Die Taschenlampe in seiner Hand, die eben noch schwach den Raum erhellt hatte, erlosch.

»Nele?«

Das war Carlas Stimme. Tränen der Erleichterung stiegen in Neles Augen. Das war das erste Wort, das Carla zu ihr gesagt hatte, seit ihrem Verrat, seit man sie weggeschickt hatte.

»Hier drüben, irgendwo muss eine Taschenlampe sein, aber sie ist ihm aus der Hand gerollt.«

Carla suchte am Boden, fand aber nichts. »Wir müssen uns beeilen, wir müssen hier raus, bevor Leon wieder zu sich kommt.«

Leon? Wieso dachte Carla, der Psycho wäre Leon?

»Ich suche ein Messer, anders kriegen wir die Fesseln nicht auf.«

Carla verschwand für eine quälend lange Zeit, in der Nele ihren Peiniger nicht aus den Augen ließ. Er hatte doch eine Maske auf und es war ungewiss, was dahinter vor sich ging. Ihre Augen hatten sich jetzt gut an die Dunkelheit gewöhnt. Woran hatte Carla ihn nur erkannt? Der Kerl stöhnte und begann, sich zu bewegen.

»Carla!«, brüllte Nele, »Carla, beeil dich!«

Carla kam zurück und rannte an ihm vorbei zu ihrer Schwester. Doch der Typ packte Carla am Knöchel, sie stürzte, das Messer fiel ihr aus der Hand.

»Tut mir leid, ich wollte dich nicht verletzen«, sagte er.

»Leon, jetzt hör endlich auf mit dem Scheiß und lass uns gehen!«

Der Typ seufzte. »Du denkst immer noch ein bisschen zu viel an diesen widerlichen Drogendealer, der dich beinahe vernichtet hätte, aber für den habe ich mir auch was Schönes ausgedacht.«

»Jan!«, flüsterte Nele und fragte sich, warum ihr das nicht sofort beim Anblick der Marionette eingefallen war. Keiner der anderen Jungs hätte die Geduld, so eine Puppe herzustellen, und keinem war das Spielen so wichtig. Es war nie um sie gegangen, sondern immer nur um Carla. Was für ein perfides Schwein.

Carla ignorierte ihn und suchte panisch nach dem Messer. Nele spürte die Klinge an ihren Fußspitzen, wagte aber nicht, etwas zu sagen, aus Angst, dass Jan es zuerst erwischen würde. Doch er hatte es schon entdeckt und packte zu.

»Ich mag es nicht, wenn die Spielregeln geändert werden!« Er sah sich nach Carla um, dann hielt er das Messer an Neles Gesicht. »Carla, ich tue das für dich und ich finde, ihr solltet euch nicht so ähnlich sehen, das hat diese Lügnerin nicht verdient.«

Die Messerspitze bohrte sich in Neles Wange – merkwürdigerweise spürte Nele keinen Schmerz, das Blut rann kühlend über ihr heißes Gesicht. Ihr Herz raste und sie zerrte und zappelte an den Fesseln, doch Jan hatte ganze Arbeit geleistet.

Er setzte das Messer erneut an, aber in diesem Augenblick blitzte etwas über seinem Kopf auf. Wie in Trance beobachtete Nele, wie ihre kleine Schwester dem Mistkerl eine mächtige Schaufel auf den Kopf hieb. Er fiel sofort um und rührte sich nicht.

Nur Sekunden später war Carla bei ihr. Mit einer Rosenschere löste sie Neles Fesseln.

»Alles wird gut«, sagte sie und Nele spürte, wie entsetzt ihre Schwester über die Schnittwunde in ihrem Gesicht war. »Alles wird gut, Gott, wir müssen dich sofort ins Krankenhaus bringen. Los, los, los«, sie rannte in den Nebenraum, packte Neles Handy, das dort auf einem Küchentisch lag, und rief einen Krankenwagen. »Verdammt. Sie schicken jemanden, aber bei dem ganzen Neuschnee kann das dauern.«

Nele setzte sich auf die Eckbank und versuchte, klar zu denken, aber ihr war ziemlich flau und sie hatte Angst, dass sie umkippen könnte. »Carla, er hat gesagt, er hat sich auch Leon vorgenommen, vielleicht ist er hier irgendwo?«

Carla nickte ihr zu und dann wurde Nele wirklich ohnmächtig.

24. Dezember

Nele und Carla saßen nebeneinander auf Neles Bett, unzertrennlich wie früher, und warteten auf das Glöckchen, das sie wie kleine Mädchen zur Bescherung ins Wohnzimmer rufen würde.

Auf Neles Wange klebte eine riesige Kompresse, die jeden Tag erneuert werden musste. Bis jetzt konnte noch niemand sagen, wie schlimm die Narbe aussehen würde. Doch nicht nur ihre Eltern, auch Miranda und alle ihre Freundinnen betonten, wie unwichtig diese Narbe war, immerhin waren sie am Leben und gesund. Und nur das zählte. Carla hatte Leon rechtzeitig gefunden und gerettet, aber er lag noch immer im Krankenhaus. Für ihn hatte sich Jan wirklich ein ganz besonders abartiges Spiel ausgedacht. Wie Nele hatte er ihn auf einen Stuhl gefesselt – über seinem Kopf hatte Jan einen Trichter angebracht, der ständig einen Tropfen Rosendünger auf ihn fallen ließ. Ätzenden Rosendünger …

Nach allem, was passiert war, hatte Carla beschlossen, Leon doch noch eine Chance zu geben und ihn nicht zu verraten, wenn er ihr versprach, in Zukunft die Finger von Drogen zu lassen. Insgeheim hoffte sie, dass Nele und er vielleicht noch eine Chance hätten, aber das mussten die beiden ganz allein herausfinden.

Nele hatte darauf bestanden, dass sie nur gesund werden konnte, wenn Carla bei ihr blieb, und ihre Eltern hatten – noch unter Schock stehend – eingewilligt. Beide hatten Urlaub genommen, was Nele und Carla ziemlich auf die Nerven ging. Sie waren sich zwar einig, dass es völlig sinnlos war, darüber nachzudenken, wie Jan so etwas Perfides gelingen konnte, aber wann immer Nele allein war, grübelte sie über nichts anderes nach. Sie kam zu dem Schluss, dass Jan einfach meisterhaft mit ihrer Eitelkeit gespielt hatte, und fühlte sich deshalb gleich doppelt gedemütigt. Denn es war nie wirklich um sie gegangen. Jan hatte nicht nur mit ihr gespielt, er hatte sie auch nur deshalb bestraft, um Carla zu beeindrucken. Manchmal stellte sich Nele heimlich vor den Spiegel und fragte sich, ob diese Narbe sie für den Rest ihres Lebens daran erinnern würde, wie dumm sie gewesen war.

Jan hatte Carlas Schaufelattacke überlebt. Nach dem Krankenhaus würde er sofort in Jugendhaft kommen.

Sams Kopf hatten sie zusammen mit seinem Körper hinten im Garten begraben, was bei all dem Schnee eine traurige Knochenarbeit gewesen war, aber es hatte sich richtig angefühlt.

Das Glöckchen ertönte. Nele und Carla sahen sich an. »Wir sind zu alt für so was!«, kicherte Carla, dann wurde sie ernst.

»Weißt du, was ich mir am allermeisten vom Christkind wünsche?«

»Keine Ahnung.«

»Es soll zwischen uns alles wieder so werden wie früher. Ich weiß jetzt, dass du keine andere Wahl hattest, als mich zu verraten.«

Carla sah so unglücklich aus, dass Nele sie einfach in den Arm nehmen musste.

»Freiwillig hätte ich mir nie helfen lassen«, flüsterte Carla und kuschelte sich eng an ihre Schwester. »Es tut mir leid, dass ich so gemein zu dir war. Ich war ständig vollgedröhnt und habe nichts kapiert, rein gar nichts.«

»Das ist ja jetzt vorbei.« Nele strich ihr nachdenklich eine Haarsträhne aus dem Gesicht. »Aber trotzdem kann nicht mehr alles wie früher sein.« Nach einem Moment der Stille grinste sie plötzlich breit. »Immerhin habe ich gesehen, zu was du fähig bist, nur um mir das Leben zu retten.«

Das Glöckchen klingelte nun vehement. Die Schwestern ließen sich los und strahlten sich an. »Wer zuerst unten am Wohnzimmer ist, hat gewonnen!«, rief Carla und rannte glücklich lachend davon.

Manuela Martini

Bloody Christmas to you

1.

Sind die immer noch drüben?«, fragt Bobby mit seiner Baritonstimme. Sein weiches Kinn zittert, wie immer, wenn er aufgeregt ist.

»Ich kann gerade nichts sehen, die bücken sich hinter der Hecke.« Die kleine Scarlett hat sich auf einen Schemel gestellt und reckt den Hals. »Was die da wohl suchen?« Ihre flinken Blicke, denen nie etwas entgeht, huschen über den vertrockneten Rasen zum Nachbarhaus.

»Jedenfalls nicht das, was du da normalerweise suchst«, mischt sich Zachary ein und schüttelt sein mächtiges ergrautes Haupt, worauf Harry mühsam versucht, sein hektisches Lachen zu unterdrücken.

»Zachary, bitte, nicht hier!«, tadelt Bobby seinen Tischnachbarn und hebt den Blick unter seinen schweren Lidern, »nicht bei diesem Anlass!«

»Jaja, ist schon gut, Bob, schon gut, schon gut, schon gut.« Zachary seufzt traurig und widmet sich wieder pedantisch seinem Stück kalten Braten.

Sie sind zu fünft an diesem Weihnachtsnachmittag, Bobby, Zachary, Harry, Scarlett und Peggy. Das Essen haben sie sich selbst besorgt und es schmeckt ihnen nicht, nicht so wie es ihnen bei Marjorie geschmeckt hat. Marjorie, die jetzt drüben im Haupthaus tot vor dem Kamin liegt.

»Ich kann's immer noch nicht fassen!« Peggy tupft sich über die Augen und schüttelt ihren schwarzen Lockenkopf, »wie konnte das passieren? Wie hat das nur passieren können?«

Bobby blickt zu ihr hinüber, sein linkes Auge tränt. Er

hat es aufgegeben, etwas dagegen zu tun. »Es ist nun mal passiert, Peggy«, sagt er ruhig und auf seine einfühlsame Art, »und nun müssen wir alle einen klaren Kopf bewahren. Auch du.«

»Genau!«, stimmt Zachary ihm zu, »sie dürfen uns auf keinen Fall verdächtigen! Sind wir uns da einig?«

Streng blickt er in die Runde. Alle nicken. »Gut.«

»Ach, Bob, ich …«, Peggy streicht sich mit einer kurzen, aber anmutigen Bewegung die Locken aus den dunklen Augen, »ich muss immer an den Ausflug letztes Weihnachten denken«, sie greift sich an den Hals, »als wir mit Marjories Auto …« Ihre Stimme droht zu versagen, da weist Zachary sie zurecht:

»Es ist ein Bentley, Peggy, ein Bentley, ein nachtblauer Bentley …«

»Danke, Zach, wenn wir dich nicht hätten«, kontert Scarlett spitz vom Fenster und blitzt ihn an, worauf Zacharias unwillkürlich seinen behäbigen Körper duckt und ein leises, einlenkendes Brummen von sich gibt.

Scarlett steht noch immer am Fenster und blickt hinüber zum Haupthaus. Ihren wachen Augen entgeht nichts. Sie war es auch, die als Erste die Absichten von Marjories Sohn durchschaut hat. Schon ganz zu Anfang hatte sie es gesehen, als sie gerade erst in die Villa von Marjorie gekommen war. In seiner Arroganz hatte Tom geglaubt, Scarlett spüre seine geheuchelte Nettigkeit nicht. Wie er sie immer angesehen hat! Ganz warm haben seine Augen geglänzt und seine Stimme war butterweich. Doch kaum hatte sich Marjorie weggedreht, hatte er seinen Ausdruck verändert, hatte sich sein Mund verkniffen und in seinen Blick war etwas Böses getreten. Seine Mutter hatte Tom wohl leider täuschen können, aber Scarlett hatte ihn sofort durchschaut und ihn von Anfang an gehasst. Am schlimmsten war sein Geruch.

»Ich frag mich bloß, was die da so lange machen«, sagt Scarlett nun unruhig und blinzelt in die winterliche Nachmittagssonne, die ihrem Haar – das weiß sie natürlich – einen rötlich goldenen Schimmer verleiht, gerade so als sei es ganz aus Gold.

»Ermitteln«, sagt Zachary oberlehrerhaft und nickt, dass seine volle Mähne wippt, »ermitteln nennt man das, Scarlett.«

»Denkst du, das weiß ich nicht!«, faucht ihn Scarlett vom Fenster an.

»Könnt ihr Kampfhähne nicht wenigstens heute mal mit diesem Kinderkram aufhören?«, schreitet Bobby gewohnt ruhig ein.

Einen kurzen Moment lang herrscht tatsächlich Stille, dann schüttelt Peggy ihren schwarzen Lockenkopf und schiebt seufzend das Essen von sich. »Ach, wisst ihr noch, wie wir alle mit Marjorie letztes Weihnachten ins Moor gefahren sind, weil sie unbedingt ihre Rolle dort einüben wollte?« Sie kann nichts gegen die Tränen tun, sie kommen einfach. Bobby hat es bemerkt, aber er sieht taktvoll weg und brummt mit zitterndem Kinn: »Wie könnten wir so was vergessen, Peggy?«

»Huch, wie gruselig sie ausgesehen hat mit dem blutroten Mund!« Scarlett stößt ein Seufzen aus, »mir ist ganz anders geworden!«

»Und wie sie geschrien hat!« Peggy schüttelt sich wieder.

»Und Punsch hat sie mitgenommen!«, wirft Harry ein und lacht. »Punsch, leckeren süßen Punsch! Marjorie hat mit uns Punsch getrunken! Der war verdammt lecker, richtig lecker!« Harry bleckt die Zähne.

»Den Alkohol hat sie aber nur in ihr Glas geschüttet«, erinnert sich Zachary gedankenverloren.

»Diese Schäks … Bier … Rolle …«

»Aber es gab Punsch, kein Bier!«, wirft Harry hastig ein. »Punsch, kein Bier!«

»Marjorie hat kein Bier gemocht. Nur diese … Bier-Rolle …«

»Das ist ein englischer Dichter, Shakespeare, hat nichts mit …« Zachary kräuselt die Nase, »mit Bier zu tun!«

»Unser Zach kommt halt aus 'nem besseren Stall!«, sagt Harry.

»Kein Stall, Harry«, berichtigt Zachary und strafft seinen Rücken, »ein Professorenhaushalt. Mit einer Bibliothek mit …«

»… zehntausend Büchern, jaja, Zach, wir wissen's!« Peggy rollt die Augen unter ihrem pechschwarzen Pony.

»Jaja«, Zachary schüttelt sein mächtiges Haupt mit dem langen, trotz seines Alters noch immer vollen Haares. »Marjorie …«, es klingt wie ein Seufzen, das alle anderen in ernstes Schweigen fallen lässt. Das Schlagen der alten Standuhr reißt sie aus ihren Gedanken. Scarlett dreht sich vom Fenster zu ihnen um. »Die kommen bestimmt bald hier rüber!«

»Aber wieso sollten sie?«

»Um Spuren aufzunehmen.«

»Quatsch! Die haben doch keine Ahnung.«

»Unterschätze nie deine Gegner«, sagt Bobby bedeutungsvoll und spürt prompt seine uralte Narbe an der Schulter.

»He, die haben was gefunden!«, ruft Scarlett eben.

»Was?« Harry springt als Erster auf, Zachary erhebt sich mühsamer.

»Jetzt drängelt doch nicht so!«, empört sich Scarlett, »Harry! Nimm deine dreckigen Pfoten da weg!«

»Rück doch einfach mal ein bisschen!«, giftet Harry zurück. »Ich will auch was sehen!«

»Psst! Könnt ihr mal die Schnauze halten!« Bobby bringt mit seiner imposanten Statur alle zum Schweigen. Jetzt dringen nur die Geräusche aus dem Haupthaus herüber, Gesprächsfetzen der Polizisten, die angefangen haben, mit Schaufeln zwischen den, das weitläufige Grundstück umgebenden Eibenbüschen zu hantieren.

»Drängelt nicht so!«, zischt Peggy und quetscht sich selbst zwischen den kleinen, quirligen Harry und den behäbigen Zachary.

»Was machen die?« Harry springt hoch, um etwas zu sehen. »Jetzt sagt doch schon!«

»Graben«, berichtet Bobby sachlich.

»Hab ich's euch nicht gesagt? Unter der Hecke suchen die zuerst!«, ereifert sich Peggy und schüttelt nervös ihre Locken. »Au!«, schreit Scarlett auf, »Harry du hast deine spitzen Knochen in meine Seite gerammt!«

»Hehehe, Scarlett, du bist doch sonst nicht so empfindlich, wie oft hast du mir schon deine spitzen …«, gibt Harry zurück. Als Scarlett etwas erwidern will, bringt Bobby sie mit seinem Blick zum Verstummen.

»Wir hätten …«, meint Zachary leise.

»Hätten, hätten, hätten …«, äfft Scarlett ihn nach. »Im Nachhinein ist man meistens schlauer, hat Marjorie immer gesagt.«

»Die graben genau da, wo die Katzen immer …«, kichert Peggy.

»Scht! Peggy, bitte!«, unterbricht sie Zachary. »Wir wollen heute nichts mehr davon hören. Es ist schließlich Weihnachten und ein bisschen Etikette muss schon sein.«

»Du und Etikette!«, kichert Harry. »Guck mal auf deinen Latz, Alter! Da hängt die ganze Soße!«

Zachary blickt gelassen an sich herunter. »Werd du erst mal so alt wie ich, du Hosenscheißer!«

»Hosenscheißer? Hosenscheißer!« Harry kichert und knufft ihm in die Seite. »Mannomann, Zachary, wo schnappst du das nur alles auf?«

2.

Holly-Schatz«, Inspektor Harold Grafton drückt sein Handy ans Ohr, »was gibt's so Dringendes?« Seine Tochter ruft ihn doch höchst selten an, außer … »Die Geschenke gibt's, sobald ich zurück bin, versprochen! Ich beeil mich! Bye, Honey!« Der Inspektor schmatzt einen Kuss ins Telefon und legt gerade noch rechtzeitig auf, bevor ihm sein Frühstücks-Porridge aufstößt.

Warum hat er es auch nach der Vermisstenmeldung so hastig hineinschaufeln müssen?

Nun, Tom, der Sohn von Marjorie Campbell Moore – ist nicht gerade unbedeutend. Und dass sie statt ihm seine Mutter Marjorie gefunden haben, ist ihm wahrscheinlich zusätzlich auf den Magen geschlagen. Er starrt auf den Gerichtsmediziner und die Leiche vor ihm. Marjorie

Campbell Moore im champagnerfarbenen Hausanzug liegt auf dem polierten Holzdielenboden mit verzerrtem Gesicht und weit aufgerissenen Augen, den Mund zum stummen Schrei geöffnet. Wie auf einem Plakat ihrer – wenn man ihn fragt – geschmacklosen Horrorfilme.

»Meine Tochter hat jeden ihrer schaurigen Filme gesehen«, erzählt Grafton seinem jüngeren Kollegen Flimms. »Ich hätte es ihr jetzt nicht sagen können.« Grafton seufzt. »Noch dazu an Weihnachten!«

Flimms nickt steif und Grafton wird philosophisch.

»Ich meine, ist es nicht merkwürdig, wenn eine Schauspielerin, die schon so oft auf der Leinwand gestorben ist, plötzlich wirklich tot ist?«

Sein Blick haftet auf den ausgerissenen Gartenblumen, oder eher Gräsern, die jemand auf die Brust von Marjorie Campbell Moore gelegt hat.

»Sir, mit Verlaub, aber auch eine Schauspielerin ist nur ein Mensch …«

»Jaja, Flimms, so ist es wohl«, seufzt Grafton und wendet sich dem Gerichtsmediziner zu. Der kleine, dicke Hopkins hat bei der Toten auf dem Boden gekniet und richtet sich jetzt auf.

»Marjorie ist offenbar an einem Herzinfarkt gestorben, richtig?«

»Ja …«, bringt Hopkins kurzatmig hervor, »auf den ersten Blick würde ich das so sagen. Keine Vergiftung, keine äußeren Verletzungen …«

»Aber woher kommt dann das … all das hier?« Grafton weist auf die zerbrochenen Vasen auf dem Teppichboden, die Scherben, die aufgerissenen Kissen, deren Inhalt wie Schnee auf dem Boden liegt. Dann blickt er voller Abscheu auf die mit Blut bespritzten und beschmierten Wände. »Was hier passiert ist, war ein … ein regelrechtes Gemetzel!«

Flimms räuspert sich. »Filmreif …«

Grafton kann es nicht ausstehen, an der Nase herumgeführt zu werden, und verzieht das Gesicht, als hätte er Zahnschmerzen.

Hopkins tritt näher an die Wand heran und blinzelt durch seine runden Brillengläser. »Ja, das ist alles äußerst merkwürdig. Und dann diese blutigen Schleifspuren auf dem Boden …«

Grafton und Flimms folgen seinem Blick zu der blutigen Spur auf dem Teppich, die zum Flur hinausführt und dort plötzlich verschwindet.

»Tja«, Grafton sieht sich zum wiederholten Male um, »wo ist die verfluchte Leiche?«

»Mit Verlaub, Sir«, räuspert sich Flimms, »vielleicht wurde die Leiche irgendwohin verladen? Oder hinausgetragen?«

»Jaja«, brummt Grafton schlecht gelaunt. »Raus in ein Auto, raus in den Garten … raus? Aber wohin?«

Flimms wippt verlegen auf den Fußspitzen. »Sir, wir haben dahinten, unter der Hecke, eine Stelle entdeckt, wo die Erde frisch umgegraben ist … ich hab – mit Verlaub – unsere Leute damit beauftragt, dort …«

»Flimms, verflucht, können Sie nicht mal einen Satz wie ein normaler Mensch sagen?«, fährt Grafton ihn an, worauf Flimms schlagartig errötet. »Ich bitte um Entschuldigung, Sir, mit Verlaub, aber …«

»Sehen Sie, schon wieder!«, explodiert Grafton nun endgültig. »Halten Sie besser mal die Klappe. Wenigstens für einen Moment, ja? Ich muss nachdenken.«

»Wie Sie wünschen, Sir.« Flimms schleicht lautlos zur Tür hinaus. Hopkins folgt ihm auf den Kiesweg vor den Eingang. Selbst im Winter wird es hier im Süden Englands nicht richtig kalt, sodass vor Marjorie Campbell Moores mediterran gestalteter Villa zwei hohe, schlanke Palmen wachsen. Überhaupt fühlt man sich in dem üppigen Garten mit all den exotischen Bäumen, Büschen und Blumen eher wie im Süden als in England, das geht Grafton durch den Kopf, als sein Handy ihn aufschreckt. »Holly-Sweetheart! Nein, so schnell geht es auch nicht, nein, ich kann dir nicht sagen, was passiert ist, du weißt doch … laufende Ermittlungen … ich komme so schnell wie möglich, versprochen!«

»Liegt wohl an Weihnachten, was?«, stellt Hopkins fest und beginnt, seine Brille am weißen Overall zu putzen. »Dass unserem guten Grafton die Nerven durchgehen.« Er klopft dem jüngeren und viel größeren Flimms auf die Schulter, »nehmen Sie es nicht persönlich, Flimms. So, und jetzt lassen Sie uns mal zusammenfassen.«

Flimms nickt dankbar und räuspert sich.

»Also, wir bekommen einen aufgeregten Anruf von Mrs Olivia Campbell Moore, der Schwiegertochter von Marjorie Campbell Moore. Sie berichtet, ihr Mann sei zu seiner Mutter gefahren und käme nicht zurück. Inspektor Grafton und ich fahren hierher, in Marjories Haus – und finden eine tote Marjorie, aber keinen Tom Campbell Moore.«

»Wirklich sehr merkwürdig, was haben wir noch?«

»Tom Campbell Moores Auto«, Flimms zeigt auf den dunkelgrünen Jaguar, der direkt vor ihnen auf dem weißen Kiesweg vor der Eingangstür steht; gleich neben dem

Springbrunnen mit den hüpfenden Fischen aus Stein, der aber jetzt, im Winter, abgestellt ist.

»Aber von ihm keine Spur.«

Hopkins nickt gedankenversunken.

»Denken Sie, Sir«, tastet sich Flimms vorsichtig heran, »diese Blutspuren an den Wänden, diese Spritzer und Schmierereien ... könnten von ihm, von Marjories Sohn, stammen?«

Hopkins wiegt den Kopf hin und her. »Vielleicht hat sie auch den Weihnachtsbraten gegen die Wand geklatscht?« Er bricht in dröhnendes Gelächter aus, instinktiv weicht Flimms einen Schritt zurück.

»Ach, kommen Sie schon, Flimms, ein bisschen Spaß muss sein!«

Flimms rümpft die Nase, solche Späße findet er geschmacklos.

»Ich hab wohl was verpasst hier?« Inspektor Grafton ist aus dem Haus gekommen, im Mundwinkel eine qualmende Zigarette. Die Anrufe seiner Tochter haben ihn irgendwie in gute Laune versetzt – trotz des tragischen Anlasses ...

Flimms sieht ihn entgeistert an, »Sir ... Rauchen ist ...«

»Ach, Flimms, setzen Sie einfach 'ne Gasmaske auf!«, Grafton hält Hopkins das Päckchen hin. »Sie auch?«

»Na, das nenn ich mal Weihnachten!« Hopkins nimmt sich eine Zigarette. »Also, Grafton, wo glauben Sie, ist die Leiche zu den Blutspuren?«

»Nun, ich habe eine Theorie.« Inspektor Grafton nutzt die folgende Kunstpause, um einen tiefen Zug zu nehmen.

»Es ist Weihnachten. Tom Campbell Moore ist zu seiner Mutter gefahren, um ihr Schöne Weihnachten zu wünschen. Sie feiert in den letzten Jahren immer allein – ohne

Freunde, ohne Familie. Tom Campbell Moore wollte nur kurz bleiben und dann wieder nach Hause fahren. Das wissen wir von seiner Ehefrau. Doch als Tom Campbell Moore in die Villa seiner Mutter kommt, findet er sie tot im Wohnzimmer liegen. Er sieht sich um und entdeckt ... einen Einbrecher. Geistesgegenwärtig greift Tom Campbell Moore nach dem erstbesten Gegenstand, einem ... einem Messer ... und ersticht damit den Einbrecher!«

Graftons gestenreiche Schilderung lässt Hopkins und Flimms zusammenzucken. »... und der Einbrecher?«, fragt Hopkins. »Tom Campbell Moore steht unter Schock«, fährt Grafton fort, »all das Blut an seinen Händen und an den Wänden! Er beschließt, den Einbrecher wegzuschaffen, schleift ihn aus dem Haus ...«

Hopkins stößt den Rauch durch die Nase aus. »Sie haben noch was vergessen: Bevor er verschwindet, kehrt Tom Campbell Moore rasch ins Haus zurück und legt seiner toten Mutter ein paar Blümchen auf die Brust. Na, Grafton, wie klingt das?«

Grafton seufzt. »Hm, Sie haben recht, das wirkt alles nicht wirklich plausibel.«

Flimms wippt auf den Fußspitzen und räuspert sich. »Mit Verlaub, Sir, wenn ich ... einwenden dürfte: Wo ist Tom Campbell Moore jetzt? Sein Auto steht immer noch da.«

»Sehr gut!«, Grafton streckt seinen Zeigefinger aus und bohrt ihn Flimms in die Brust. »Genau auf diese Frage habe ich gewartet.«

Hopkins blinzelt ihn ratlos an. »Und? Wo ist Campbell Moore? Können Sie ihn irgendwo sehen, Flimms?« Hopkins setzt seine Hände trichterförmig an den Mund und ruft: »Mister Campbell Moore! Huhu! Kommen Sie aus Ihrem Versteck!«

»Lassen Sie doch diesen Unsinn!«, ermahnt Grafton den dicklichen Gerichtsmediziner.

Sein Blick schweift über das Grundstück mit dem breiten Kiesweg, dem Fischbrunnen, den pedantisch gestutzten Büschen am Wegrand und bleibt an der Eibenhecke hängen, vor der zwei uniformierte Polizisten angefangen haben zu graben.

»Meinen Sie etwa, Campbell Moore hat den Einbrecher da unter den Büschen verscharrt?« Er schüttelt den Kopf. »Flimms, gehen Sie mal rüber zu den Nachbarn, vielleicht hat ja jemand von denen Tom Campbell Moore gesehen.«

»Mit Verlaub, Sir, die Leute sind über Weihnachten verreist. Costa Rica.«

»Costa Rica!« Grafton schüttelt den Kopf.

»Sir«, beginnt Flimms aufgeregt, »soweit ich informiert bin, scheint die Ehe der Campbell Moores nicht gerade die beste zu sein – also, was halten Sie davon: Die Ehefrau von Tom Campbell Moore hat ihren eigenen Mann im Haus seiner Mutter umgebracht, und um von sich abzulenken, hat sie sein Auto hier vors Haus seiner Mutter gefahren. In Wahrheit liegt seine Leiche …«

Grafton winkt ab. »Nein, nein, Flimms, so war das nicht. Sie haben doch das Schlachtfeld gesehen: Die kaputten Gläser auf dem Boden, die Scherben, die zertrümmerten Teller, da hat jemand gewütet! Hier treibt doch auch eine Diebesbande ihr Unwesen, oder?«

»Ja, Sir!«, bestätigt Flimms, »erinnern Sie sich an letztes Jahr in der Weihnachtszeit, da hatten wir doch mehrere Einbrüche … damals war eine bulgarische …«

»Da haben wir's!« Grafton schnippt den Zigarettenstummel in den Kies.

»Aber ... warum fehlt dann nicht der Fernseher oder ihr Schmuck und warum haben sie dann nicht auch gleich Toms Auto mitgenommen oder Marjories ... Rolls-Royce?«, fragt Hopkins.

»Bentley, es ist ein Bentley«, berichtigt Grafton.

Die Männer stehen eine Weile schweigend da, bis Hopkins schließlich fragt:

»Wer erbt eigentlich Marjorie Campbell Moores Vermögen? Hat sie überhaupt ein Vermögen? Vielleicht war sie ja auch total verschuldet, das hört man doch oft von diesen Schauspielern.«

Grafton macht eine weit ausholende Bewegung. »Sieht das hier nach total verschuldet aus?«

Hopkins zuckt die Schultern. »Vielleicht gehörte ihr das ja alles auch schon gar nicht mehr. Ich hab da mal ...«

»Hören Sie mit diesen Geschichten auf, Hopkins!«, unterbricht ihn Grafton ungeduldig, »Marjorie Campbell Moore war wohl ein bisschen exzentrisch, das muss man wohl als Horrorschauspielerin auch sein, aber ich hab nie von irgendwelchen Skandalen gehört!«

»Sie hatte jedenfalls ein ziemlich großes Herz für Hunde.« Hopkins deutet zum Haus. »Auf dem Kaminsims steht eine ganze Fotogalerie von ihren Lieblingen.«

Grafton kratzt sich am Kopf. »Hm, und wo sind die alle hin?«

3.

Die beiden jungen Polizisten, Patterson und Skinner, haben einen beachtlichen Haufen Erde neben die Hecke geladen, aber außer ein paar alten Backsteinresten haben sie bisher nichts gefunden.

»Scheiße, ich muss unbedingt noch ein Geschenk für Fiona kaufen, aber wenn wir nicht bald hier loskommen, haben die Geschäfte zu«, sagt Patterson zu seinem Kollegen und wischt sich den Schweiß von der Stirn.

»Mann, du weißt das ganze Jahr, dass heute Weihnachten ist, und wartest bis zum letzten Tag, um ein Geschenk zu kaufen! Wie blöd ist das denn?« Skinner schüttelt den Kopf.

»Ich verdränge es einfach, okay? Ich will das ganze Jahr über nicht an Weihnachten denken. Sobald Weihnachten in meinen Kopf kommt, schaltet sich der Gehirnteil ab. Weihnachten – klack. Aus.«

»He, es gibt Schlimmeres als Weihnachten!«

»Jeder hat seine traumatischen Erlebnisse, Skinner!«

Skinner stützt sich auf die Schaufel und wischt sich mit einem Taschentuch übers Gesicht. »Komischer Fall. Ich frag mich, was wir hier suchen. Die Alte war herzkrank. In der Küche stehen Herztabletten. Fertig, aus. Und ihr Sohn ist mit ihrem Vermögen durchgebrannt.«

»Seit wann kennst du dich damit aus?« Patterson hat jetzt auch eine Pause eingelegt.

»Seitdem meine verdammte Schwiegermutter in unserem Haushalt lebt ...«

»Sie ist also auf dem Weg zu ihren Herztabletten gestürzt ...«, fragt Patterson.

»Schon möglich.«

»Und die Blutspuren? Woher kommen die? Und was wollte ihr Sohn hier?«

»Der Sohn wollte irgendwas vortäuschen und ist gestört worden!«, sagt Skinner. Verärgert wirft er die Schaufel weg. »Hier ist nichts! Eine blöde Idee von Flimms, uns hier graben zu lassen! Glaubt der vielleicht, hier liegt 'ne Leiche?«

Patterson rammt die Schaufel in den Erdhaufen. »Der ist ein Wichtigtuer. Guck mal, deshalb ist die Erde hier weich!«

Ein kleiner Yorkshireterrier spaziert über den kurz geschnittenen Rasen heran, hebt hier und da ein Bein und bleibt schließlich etwa einen Meter vor den beiden Polizisten stehen. Kurz fängt er an, in der Erde zu scharren, läuft dann aber schwanzwedelnd auf sie zu, als seien sie alte Bekannte.

»Na, du kleiner Racker!«, Skinner bückt sich und streichelt den Hund. »Meine Schwester hat auch so einen. Pinkelt überallhin, ist aber sonst ein süßer Kerl!«

Patterson kramt in seiner Uniformtasche. »Vielleicht mag er das.« Er bricht eine Ecke von einem Keks ab, den er für Hungerattacken immer dabeihat. »Autsch! He, langsam, Kleiner! Du beißt mir ja den Finger ab!«

4.

Jetzt seht euch das da drüben an!«, ruft Scarlett empört und macht am Fenster Platz. »Harry frisst doch tatsächlich Kekse!«

»Welche Kekse?« Peggy springt hoch, um einen Blick zu erhaschen.

»Polizeikekse!«, ruft Scarlett. »Polizeikekse!«

»Schmecken die denn?«, will Zachary wissen, der sich vergeblich bemüht hat, die letzte Bratenscheibe mit seinen altersmorschen Zähnen zu kauen und sie nun einfach hinunterschluckt.

»Keks ist Keks!«, bemerkt Scarlett mit einem kurzen Blick in Zacharys Richtung. Begleitet von einem beängstigend erstickenden Husten fliegt die unzerkaute Scheibe Braten in hohem Bogen auf den Boden.

»Eben nicht!«, kreischt Peggy mit einem angewiderten Blick auf Zach, »darf ich euch nur an die widerlichen Dinger erinnern, die Marjories Sohn uns mitgebracht hat.«

»Oh ja, das war so richtig gemein!«, erinnert sich Scarlett.

»Seiner Mutter gegenüber hat er so getan, als wollte er uns eine Freude machen, und dann mischt er irgendwas Widerliches zu diesen Keksen dazu. Uns war allen so übel!«, Bobby schüttelt energisch Kopf und Kinn.

»Aber erst Stunden später haben wir alle gekotzt und gesch…!«

Zacharys erhobene Brauen lassen Peggy sofort verstummen.

»Und Marjorie hat natürlich nicht mehr an die Kekse gedacht!« Scarlett seufzt. »Marjorie hatte die leckersten

Kekse«, sagt Peggy mit weinerlicher Stimme, »die in der karierten Schachtel, mit dem Buttergeruch ...«

»Die du beinahe alle allein gefressen hättest, Peggy!«, erinnert sie Scarlett mit arrogantem Schnauzerümpfen.

»Gar nicht wahr! Wer hat denn alle Weihnachtsplätzchen gefressen, die Marjorie geschenkt bekommen hat, he?«, fragt Peggy gehässig.

»Du bist so nachtragend!« Scarlett schüttelt ihr feines, goldglänzendes Spitzfell und fügt genüsslich hinzu: »Außerdem sind dicke Pudel hässlich!«

»Dicke Spitze auch!«, kontert Peggy und fährt sich durch ihr schwarz gelocktes Pudelfell.

»Haltet endlich eure Schnauzen!«, donnert Bobbys Stimme. »Oder wollt ihr, dass die hier rüberkommen?«

»Wenn sie nett sind und Kekse haben ...«

»Du verfressenes Miststück!«, knurrt Scarlett.

»Schnauze!, hab ich gesagt!« Bobby funkelt sie an.

»Genau!«, sagt Zach, »wenn die uns finden, bringen die uns ins Tierheim! Und ich muss euch ja nicht wieder erzählen, was uns da erwartet!«

»Nein, bitte nicht!«, Peggy rollt die Augen. »Das erzählst du uns schon die letzten fünf Jahre!«

»Ich bin immerhin ein Golden Retriever, ich war nicht allzu lang dort, aber so einer wie Bobby, ein Misch...«

Bobby fletscht die Zähne. »Noch ein Wort, Zach, und ich reiß dir dein verdammtes Golden-Retriever-Ohr ab!«

»Nein! Nicht noch mehr Blut!«, kreischt Peggy. »Außerdem ist Weihnachten.«

»Jetzt seid mal leise!«, ermahnt sie Bobby. »Oder wollt ihr, dass die Polizei hier herüberkommt!«

»Oh nein! Nicht ins Tierheim!«, schreit Zachary auf. »Ich will nicht ins Tierheim ...«

»Ist ja schon gut«, Scarlett legt ihm ihre Pfote um den Hals, »wir kommen nicht ins Tierheim, dafür sorgt schon der Weihnachtsmann.«

»Der Weihnachtsmann ...« Zachary wiegt zweifelnd seinen schweren Kopf, »ich weiß nicht, ob wir uns auf den verlassen können.«

»Aber natürlich, Zach, jetzt mach dir mal keine Sorgen.«

»Psst! Sie gehen Harry hinterher!«, meldet Peggy vom Fenster.

»Hoffentlich macht der jetzt keinen Scheiß, der kleine Wichtigtuer!«, knurrt Zachary.

»Sag nichts gegen Harry! Im Gegensatz zu euch ist er immer guter Laune!«, nimmt Scarlett ihn in Schutz.

Bobby macht eine wegwerfende Pfotenbewegung und sagt gönnerhaft: »Sind wir doch mal ehrlich: Harry ist ein netter, aber oberflächlicher kleiner Kerl.«

»Wenn man nicht dauernd nörgelt wie ihr, ist man gleich oberflächlich, ja?«, ärgert sich Scarlett und fügt spitz hinzu: »Er ist einfach auch viel jünger als ihr alten Köter!« Prompt beginnt Peggy zu kichern und Zachary hat alle Mühe, sie zu übertönen.

»Schluss jetzt! Wir befinden uns in einer ernsten Situation. Wir müssen alle die Nerven behalten und dürfen uns keine Fehler erlauben.«

5.

Inspektor Grafton sieht in den allmählich dunkler werdenden Winterhimmel. »Ich wäre gern in einer Stunde zu Hause. Jenny und Holly wollten mit dem Essen warten …«

Hopkins ächzt. »Das ist der Vorteil, wenn man keine Familie hat, man kann essen, wann man will.«

Grafton wirft dem Gerichtsmediziner einen fragenden Blick zu. »Ich hab gedacht, Sie hätten auch eine Tochter, Hopkins.«

»Bingo! Sie lebt bei ihrer verrückten Mutter in London. Wenn ich Glück habe, besucht sie mich einmal im Monat. Aber nur«, Hopkins grinst schmerzlich, »wenn ich Glück habe.«

»Tut mir leid«, sagt Grafton mitfühlend.

»Muss es nicht, so eine Pubertierende würde mich nur überfordern! Also«, Hopkins zieht geräuschvoll die Nase hoch und steigt in seinen Wagen, »dann verabschiede ich mich mal. Ich melde mich, sobald ich Neuigkeiten habe!«

Kaum ist der Gerichtsmediziner weggefahren, hört Grafton erneut den Kies knirschen. Ein alter Kombi rollt den Weg heran und bleibt direkt vor ihnen stehen.

»Wer zum Teufel …«, fängt Grafton an und verstummt.

Aus dem alten Kombi steigt niemand anders als der Weihnachtsmann: mit weißem Bart, im roten Mantel.

»Was wollen Sie denn hier?«, blafft Grafton. Der Weihnachtsmann, auch das noch! Ihm ist jetzt wirklich nicht nach Späßen zumute, er will nach Hause zu seiner Frau und seiner Tochter, zum Weihnachtsbaum mit den Geschenken, zu einem saftigen Truthahn und ein paar Flaschen Bier.

»Na«, sagt der Weihnachtsmann und baut sich vor dem Polizisten in seiner ganzen Größe auf, »was will wohl der Weihnachtsmann an Weihnachten, he?«

»Moment!«, sagt Grafton entschieden. »Wer sind Sie? Und kommen Sie mir jetzt nicht mit: der Weihnachtsmann.«

»Ben Lanzelot Miller der Vierte.«

»Der Vierte?«

»Wir sind eine Weihnachtsmann-Dynastie, mein Großvater war schon …«

»Aha«, sagt Grafton gereizt. Dieser ganze Weihnachtsquatsch hängt ihm zum Hals heraus. Warum kann er es nicht mit einem hundsgemeinen, normalen Fall zu tun haben, wie sonst auch? Er gibt Flimms mit einem Wink zu verstehen, dass er sich den Namen zu notieren hat.

»Hat man Sie angerufen? Hat Marjorie …«

Der Weihnachtsmann gähnt, ohne die Hand vor den Mund zu halten. »Entschuldigen Sie, aber ich bin seit heute um sechs auf den Beinen, um die verdammten Päckchen zu packen. Aber um Ihre Frage zu beantworten: Ich hab den Termin seit letztem Weihnachten. Stellen Sie sich vor: Es gibt Leute, die haben kapiert, dass jedes Jahr Weihnachten stattfindet – und auch noch immer zur selben Zeit –, und buchen mich.«

»Jaja, das müssen Sie mir nicht erklären«, sagt Grafton genervt. Jetzt muss er sich auch noch mit einem Weihnachtsmann herumstreiten. »Trotzdem, ich muss auf einer Antwort bestehen: Wer hat Sie gebucht?«

»Marjorie natürlich, wie jedes Jahr! Ich meine, vorher

hat sie meinen Dad gebucht und ich … ich hab ihm assistiert.«

»Nun«, Grafton räuspert sich, »es tut mir leid, ich muss Ihnen die traurige Mitteilung machen, dass Mrs Campbell Moore verstorben ist.«

»Was?« Jetzt ist der Weihnachtsmann sprachlos. Er stützt sich auf die Autohaube und zieht sich den Bart ein Stück herunter. Grafton ist erstaunt, er hat sich Weihnachtsmänner immer älter vorgestellt, der hier ist … na ja, ein bisschen älter als Holly. »Was sagen Sie da«, ruft der junge Weihnachtsmann entsetzt, »Marjorie ist … tot? Woran ist sie …? Eine Herzattacke?«

Alarmiert sagt Grafton: »Sie wussten von ihren Herzproblemen?«

»Logisch! Sie hatte doch ihre Tabletten immer griffbereit! Und Mrs Bridges ist auch nicht da, oder?« Der Weihnachtsmann lässt seinen Bart wieder zurückflutschen. »Natürlich, Mrs Bridges hat an Weihnachten immer frei.«

»Mrs Bridges … die Haushälterin?«, fragt Grafton.

»So ist es.«

Grafton denkt nach. »Wir suchen Marjories Sohn, kennen Sie ihn?«

Sofort ist der Weihnachtsmann wieder auf den Beinen. »Dieses miese Arschloch …«

»Ein Weihnachtsmann flucht nicht, oder?« Grafton hebt die Brauen.

»Ich konnte den Typ noch nie leiden!«

»Ach ja? Warum nicht?«

»Er hat meinen Vater immer geärgert, was heißt, geärgert! Gequält! Er war vielleicht fünfzehn, da hat er Dad einfach ein Bein gestellt, und als er im Dreck lag, hat er nur gelacht. Im nächsten Jahr hat er eine Maus in den Weihnachtsmann-Sack gesteckt, und als mein Vater dann reingegriffen und aufgeschrien hat, hat er sich beinahe kaputtgelacht. Im darauffolgenden Jahr hat er seine Gemeinheiten dann an mir ausgelassen. Er hat sein Modellflugzeug im Sturzflug auf mich zugesteuert, ich bin in Deckung gegangen und dabei in die verfickten Rosensträucher gefallen. Und einmal war es ganz schlimm. Da hat er meinem Dad Rizinus-Öl in den Tee geschüttet und er konnte den ganzen Tag keine Geschenke austeilen.«

»Hm«, macht Grafton, »hört sich nach ganz normalen Jungenstreichen an.«

»Normale Jungenstreiche! Das ist doch total uncool. Macht man das mit Ihnen auch?«, fragt der junge Weihnachtsmann verärgert.

»Oh, nein, ich habe eine ganz entzückende Tochter.« Der Gedanke an Holly lässt Grafton innerlich lächeln.

»Holly ...«, sagt der Weihnachtsmann.

»Oh, Sie kennen sie?« Grafton ist erstaunt. Er kann sich nicht so recht vorstellen, dass seine Tochter einen Weihnachtsmann persönlich kennt, aber warum nicht, Weihnachtsmänner sind ja auch nur ... äh ... Menschen.

»Jaja ... flüchtig«, sagt der Weihnachtsmann rasch und lässt dann seinen Blick über das Grundstück schweifen.

»Fällt Ihnen etwas auf?«, fragt Grafton.

»Wieso?«

»Sie wirken so«, findet Grafton, der ein guter Beobachter ist.

»Nein, mir fällt nichts auf.«

»Fragen Sie sich nicht, wo die Hunde sind?«

»Welche Hunde?«

»Mrs Campbell hatte doch Hunde, oder etwa nicht?«, fragt Grafton lauernd.

»Ach so!« Der Weihnachtsmann lacht auf: »Die meinen Sie! Tja ... die sind wahrscheinlich bei den Nachbarn!«

»Die sind in Costa Rica. Wussten Sie das nicht?«

Der Weihnachtsmann fängt an zu schwitzen. Immer wieder zupft er an seinem Bart.

»Marjorie hat die Hunde alle gerettet«, fängt er an, »der schwarze Pudel ist von seinen früheren Herrchen einfach im Haus eingesperrt worden, das sie verkauft haben. Vergessen oder was weiß ich. Zwei Wochen hat der Hund da drin gehaust, fragen Sie nicht, wie der aussah, als der Makler die Tür aufgeschlossen hat! Er ist ein Bekannter von Marjorie und hat ihn ihr gebracht. Marjories Sohn hat die Hunde nie gemocht.« Der Weihnachtsmann schnäuzt sich die Nase. »Wenn Marjorie sich umgedreht hat, hat er sie getreten, das hab ich ein paar Mal gesehen. Oder er hat ihnen das Futter weggenommen ...« Der Weihnachtsmann schüttelt den Kopf. »Dieser Wichser.«

»Warum erzählen Sie mir das?«, will Grafton wissen.

»Sie sollten es einfach wissen, Inspektor«, sagt der Weihnachtsmann eindringlich.

Grafton blickt nun auch über das Grundstück.

»Hier hat keiner gekläfft.«

»He, da ist doch einer!« Der Weihnachtsmann bückt sich, um den kleinen Yorkshireterrier zu streicheln, der freudig auf ihn zugelaufen kommt. »Hallo, Harry! Der hier heißt Harry!«, erklärt er dem Polizisten. »Der lag eines Morgens unter Marjories Auto, völlig abgemagert und zerrupft. He Harry, wo sind denn deine Freunde?«

Grafton verdreht die Augen. »Glauben Sie, der Köter sagt es Ihnen?«

»Hey Mann, haben Sie immer so schlechte Laune?« Der Weihnachtsmann steht wieder auf. »Ich muss jetzt weiter, Inspektor, meine Geschenke austeilen.« Bevor Grafton noch etwas fragen kann, steigt der Weihnachtsmann in seinen Kombi, wendet und fährt an, dass der Kies unter den Reifen spritzt. Grafton sieht ihm nach, bis der Wagen hinter den dichten Büschen verschwunden ist. Das laute Gebelle holt ihn aus seinen Gedanken zurück. Vor ihm sitzt der kleine Yorkshireterrier und bellt aufgeregt.

»Wenn du reden könntest ... hätten wir den Fall schnell gelöst, was?« Graftons Blick schweift zum Gartenschuppen. »Flimms!«, ruft er, »haben wir schon dort drüben gesucht?«

»Ja, Sir!«, Flimms eilt schnell herbei. »Keine Leiche.«

»Hm ...«, macht Grafton, »ich gehe trotzdem mal rüber.«

6.

Die Tür ist nur angelehnt, langsam tritt Grafton mit gezogener Pistole ein. Von wegen Gartenschuppen! Er steht in einem hübschen Landhäuschen, genau das richtige Wochenendversteck für zwei Verliebte. Eine Patchwork-Decke über einem großen Bett, ein Kamin, ein Sofa und zwei bequeme Ohrensessel mit warmen Decken – in denen offenbar jemand mit Haarausfall gelegen hat – oder ...

»Und wo sind die Biester?«, fragt Grafton und macht sich auf das Hereinstürzen von schwarzen, bissigen Hunden gefasst.

»Sir, sehen Sie mal!«, ruft Flimms hinter ihm.

»Ein Schal – mit Löchern, ja und?«

»Der sieht doch aus wie der Schal, den Toms Frau beschrieben hat! Damit ist er aus dem Haus gegangen.«

»Sie meinen, Tom Campbell Moore … war hier? Hier in diesem Gartenhaus?« Unwillkürlich bückt sich Grafton, um unters Sofa zu sehen.

»Ja, Sir, oder … oder die Hunde haben …« Flimms starrt auf den zerrissenen Schal.

»Die Hunde haben was?«

»Nun, Sir …« Flimms spricht nicht weiter. Er ist ganz blass geworden.

»Nein, nein und nochmals nein!«, sagt Grafton entschieden. »Marjorie Campbell Moore war zwar eine Horrorfilm-Schauspielerin, aber so was … nein!« Grafton schüttelt energisch den Kopf. »Haben Sie diesen kleinen Köter da draußen gesehen? Diesen Yorkshire? Der kann doch keinen Menschen totbeißen!«

Flimms räuspert sich und zeigt auf ein gerahmtes Bild über dem Kamin. »Da sind noch ein paar viel größere Hunde drauf.«

»Nehmen Sie den Schal mit aufs Revier, Flimms, und dann ab nach Hause. Wir müssen erst die Ergebnisse der Spurensicherung abwarten!«

»Was ist mit einem Hundesuchtrupp?«, regt Flimms vorsichtig an.

»Haha, Flimms, Sie scherzen! Was glauben Sie, wie lange es wohl dauern würde, eine Hundestaffel anzufordern? Noch dazu an Weihnachten!« Grafton winkt ab. »Es wird dunkel, wir haben erst mal getan, was wir konnten.«

7.

Sie sind weg! Ihr könnt wieder reinkommen!«, ruft Harry und stürmt als Erster wieder ins Gartenhaus.

»Wir haben was vergessen«, sagt Bobby und lässt sich auf den Boden fallen.

»Was denn vergessen?«, fragen die anderen wie aus einem Maul.

»Das Auto!«, brummt Bobby und leckt seine Pfote, die er sich beim Ziehen ein wenig verstaucht hat.

»Kannst du etwa Auto fahren?«, fragt Scarlett spitz und nimmt wieder ihren Platz am Fenster ein.

»Wir sind doch oft genug mit Marjorie ...«, meint Peggy und Bobby erwidert: »Ja, aber nur hinten.«

»Dazu braucht man einen Schlüssel und dann die Sache mit den Pedalen und Schaltern. Marjorie war doch die ganze Zeit im Auto mit irgendwas beschäftigt!«, schaltet sich Zachary ein. »Aber wir sollten eine falsche Spur legen. Sicherheitshalber.«

»Ja! Wir könnten an noch mehr Stellen im Garten graben!«, sagt Bobby und begutachtet seine Pfote. »Dann suchen sie dort wie heute unter der Hecke.«

»Genau, wir graben einfach an ganz vielen Stellen, dann sind sie eine Weile beschäftigt!«, bemerkt Zachary.

»Das ist eine Super-Idee!«, freut sich Harry. »Kommt, wir fangen gleich an!«

»Aber jetzt ist es dunkel«, wendet Peggy ein.

»Na und? Hast du Angst im Dunkeln?«, stichelt Scarlett.

»Ja klar, hat Peggy Angst im Dunkeln!«, schreitet Zachary ein. »Das weißt du doch!«

Peggy fängt an zu winseln. »Ach, ich vermisse Marjorie so. Wir haben doch abends immer mit ihr auf der Couch gesessen, sie hat uns gestreichelt und ...«

»... ja und ab und zu haben wir noch was zu knabbern bekommen«, pflichtet Harry ihr bei.

»Es ist so traurig ...«, schnieft Scarlett.

»Marjorie kommt nie wieder zurück ...«, sagt Zachary traurig.

»Marjorie ist für immer fort ...« Bobby zieht die Schnauze hoch.

»Und was ist mit ... mit Holly?« Peggy wimmert lauter. »Sie muss uns doch ausführen!«

»Sie wird kommen«, sagt Bobby und nickt zuversichtlich.

8.

Liebling, da bist du ja endlich! Wir haben schon gedacht, du kommst überhaupt nicht mehr!«, ruft Jenny Grafton.

Grafton grunzt irgendwas und gibt seiner Frau einen Kuss auf die Wange. Die Wärme des Hauses und der Geruch nach Braten und Kerzen, der ihn empfängt, lässt Grafton aufatmen.

»Daddy!«, seine Tochter Holly läuft auf ihn zu, er nimmt sie in die Arme. Wie so oft fragt Grafton sich, ob es sich bei dieser hübschen blonden jungen Frau wirklich um seine fünfzehnjährige Tochter handeln kann.

»Wo warst du so lange, Dad?«, will sie wissen.

»Arbeiten, Honey, wir hatten einen Fall ...«

»Welchen Fall?« Ihr Blick hat etwas Unschuldiges. Und wie sie ihn so ansieht, kann er nicht anders und muss es doch erzählen.

»Nun … also … eine ältere Dame …«, beginnt er vage.

Die Augen seiner Tochter weiten sich vor Entsetzen. »Dann stimmt es also?«, sagt sie mit zittriger Stimme.

Grafton zieht die Straßenschuhe aus und schlüpft in seine Pantoffeln. »Was meinst du? Was stimmt, mein Schatz?«

Holly atmet hektisch ein und aus und schreit dann: »Marjorie Campbell Moore ist wirklich tooooot?«

Grafton zuckt erst zusammen, dann ist er sprachlos. »Woher weißt du das?«

»Ben war doch …« Seiner Tochter versagt die Stimme.

»Ben? Wer ist Ben?

»Ben Lanzelot der Vierte«, erklärt ihm seine Frau von der Küche aus.

Grafton begreift noch immer nicht.

»Harold«, sagt seine Frau und wischt sich die Hände an ihrer Schürze ab. »Ben Lanzelot der Vierte ist doch mit Holly befreundet! Sein Dad war sonst immer der Weihnachtsmann! Der Arme ist alleinerziehend. Seine Frau hat ihn vor einigen Jahren verlassen. Harold, wirklich, das müsstest du doch langsam wissen, Holly und Ben hängen doch immer zusammen!«

»Jaja«, behauptet Grafton rasch und plötzlich begreift er, warum dieser Weihnachtsmann den Namen seiner Tochter kannte.

»Sie wird nie wieder einen Film drehen!«, schreit seine Tochter. »Nie, nie wieder! Und wir werden nie wieder …«

»Es tut mir leid, mein Schatz«, versucht Grafton, sie zu beruhigen.

Seine Tochter heult.

»Blutiger Morgen …«, schluchzt sie. *»Gemetzel unter der Brücke, Der Henker, Das Grauen endet nie, Die Blutspur …«*

Grafton verdreht die Augen, als er sich an die fürchterlichen Filme erinnert, von denen seine Tochter und ihre Freunde, auch dieser Ben Lanzelot, völlig begeistert sind.

»Ist sie … umgebracht worden?«, presst Holly mit den Fingern im Mund heraus, bereit, jederzeit zuzubeißen.

»Nun, sie hatte offenbar einen Herzinfarkt, mehr darf ich noch nicht sagen, das weißt du doch, laufende Ermittlungen.« Er lächelt gezwungen. Seine Tochter beißt auf ihre Fingerknöchel.

»Herzinfarkt?«

»Ja, Liebes, danach sieht es aus. Allerdings …«

»Was?«, will seine Tochter wissen.

Ihr gegenüber vergisst er stets seine Polizeiprinzipien. Er seufzt. »Allerdings sind an der Wand Blutspuren.«

Holly schluckt. »Echte Blutspuren?«

»Liebes«, Grafton lacht, »natürlich echte! Was denkst du denn?«

Er gibt ihr ein Taschentuch, mit dem sie sich über die Augen tupft. »Ich muss sofort Nummer vier Bescheid geben!«, bringt Holly unter Tränen hervor.

»Wem?«

»Ben Lanzelot dem Vierten«, erklärt ihm seine Frau augenrollend. »Aber mach es bitte kurz, Honey, Daddy hat sicher einen Bärenhunger! Außerdem wird der Truthahn trocken, wenn wir noch eine Minute länger warten.«

Grafton lächelt sie dankbar an.

9.

Nach dem Essen reißt seine Tochter das Papier von den Päckchen und muss dann unbedingt an die frische Luft. »Ich glaube, es war der Truthahn ...«, sagt sie und ist schon weg. Grafton seufzt und seine Frau Jenny zuckt mit den Schultern, dann machen sie es sich auf der Couch gemütlich. Seine Frau blättert in ihrem neuen Krimi und von einer Beatles-CD tönen Graftons Lieblingssongs *Yesterday, The Long And Winding Road* und *Eleanor Rigby.* Währenddessen starrt Grafton so nachdenklich in die Lichter des Weihnachtsbaums, dass ihm die Augen brennen.

»Marjorie Campell Moores Sohn ist spurlos verschwunden«, sagt er plötzlich. Seine Frau sieht auf. »An den Wänden sind überall Blutspuren und seine Mutter ist an einer Herzattacke gestorben«, redet er weiter. »Die Haushälterin hat frei und der Weihnachtsmann sagt, Marjorie habe ihre Herztabletten immer in Reichweite gehabt. Und dann liegt im Gartenhaus, in das sich die Hunde verkrochen haben, Tom Campbell Moores Schal. Zerrissen.« Im selben Moment ist die CD zu Ende, Graftons Frau schlägt ihr Buch zu.

»Klingt ja wirklich merkwürdig, Darling! Die Blutspuren an den Wänden ...«

»Ja«, sagt Grafton, »wie in diesen fürchterlichen Filmen. Eine wunderschöne weiße Wand – mit hässlichen roten Blutspritzern.«

»Mein Gott!«

Plötzlich hat er Kopfschmerzen. »Ich geh mal raus.«

Inzwischen ist es dunkel, eine schmale Mondsichel

leuchtet zwischen all den Sternen. Grafton zündet sich eine Zigarette an.

Er muss immer an Marjorie Campbell Moore denken und an ihren Sohn und an seinen Schal und den jungen Weihnachtsmann, mit dem Holly befreundet ist ... Irgendetwas stimmt doch da nicht ... Er wirft die Zigarette in eine Pfütze, wo sie zischend verlischt, und geht wieder hinein.

»Jenny?«

Seine Frau will ihm gerade ein Glas seines Lieblings-Whiskeys reichen. »Ja, Darling?«

»Wieso hat der Weihnachtsmann nicht gefragt, warum wir im Garten graben? Warum hat er nicht gefragt, wieso so viele Beamte im Einsatz sind?«

»Warum sollte er, Harold-Darling, vielleicht war er so überrascht ... schockiert ...«

»Warum hat er gleich von einem Herzinfarkt gesprochen?« Grafton kneift die Augen zusammen, als verhöre er jemanden.

Seine Frau zuckt die Schultern. »Sein Vater und auch sein Großvater kannten Marjorie doch seit Jahren.«

»Und überhaupt«, fährt Grafton alles andere als überzeugt fort, »was wollte der Weihnachtsmann um diese Uhrzeit bei Marjorie – er hatte nicht mal Geschenke dabei ... soweit ich mich erinnere ...«

»Du verdächtigst doch wohl jetzt nicht den Weihnachtsmann, Darling?«

»Hm«, macht Grafton und nippt endlich an seinem Whiskey.

Jenny hat ihm zuliebe die CD neu gestartet. Die Beatles singen gerade *Something*. Da klingelt sein Handy.

»Schöne Weihnachten, Grafton«, sagt Hopkins ein wenig lallend. »Ich wollte Ihnen nur sagen: Die alte Schachtel ist wirklich an einem Herzinfarkt gestorben!« Er macht eine Kunstpause, in die Grafton ungeduldig hineinfragt: »Und weiter?« Am anderen Ende der Leitung hört Grafton so etwas wie ein unterdrücktes Lachen, vielleicht ist es auch ein Schluckauf, dann sagt Hopkins: »Ich habe auch das Blut an den Wänden analysiert …«

»Sagen Sie schon!« Grafton lauscht angespannt.

Hopkins bricht in dröhnendes Lachen aus. »Kakaopulver und Lebensmittelfarbe!«

»Was?«, schreit Grafton ins Telefon.

»Man kann es auch Filmblut nennen! Grafton, da hat uns jemand ganz schön verarscht!«

Grafton bleibt der Mund offen stehen, als er auflegt.

»Harold?«, fragt seine Frau, »alles in Ordnung?«

»Nein! Nichts ist in Ordnung!«, brüllt er, dann lässt er sich erschöpft in seinen Sessel sinken. »Es ist Filmblut«, bringt er schließlich kopfschüttelnd hervor, starrt dann in den Weihnachtsbaum und fängt an zu grübeln. Er merkt kaum, wie seine Frau ihm schweigend Whiskey nachschenkt.

10.

Holly rennt durch die dunklen Straßen und läutet atemlos am Haus von Vater und Sohn Ben Lanzelot.

Ben Lanzelot reißt die Tür auf. »Holly! Ich hab schon die ganze Zeit an dich gedacht!«

Holly gibt ihm einen Kuss, endlich hat er diesen dämlichen weißen Weihnachtsbart abgenommen und trägt wieder seine normalen Klamotten. »Mensch, Ben!«, stößt sie hervor, »mein Dad ist wie ein Bullterrier, wenn der sich an einem Fall festgebissen hat, dann …«

»Komm erst mal rein«, Ben Lanzelot schiebt sie ins Haus, wo es nach Truthahn duftet.

»Mein Dad und ich gucken gerade *Gemetzel im All,* du weißt doch, da wo Marjorie …«

Holly nickt, das ist einer ihrer Lieblingsfilme. »… wo Marjorie der Alien ist und den Captain des Raumschiffs mit Schleim …«

»Ich werde dich für die Ewigkeit konservieren!«, zitiert Ben mit erhobener Stimme und Holly steigt wehmütig ein, »… durch mich wirst du zu deiner wahren Bestimmung geführt …« Holly schluchzt und kuschelt sich in Ben Lanzelots Arme. »Ich bin so durcheinander, ich weiß nicht, wie ich das alles meinen Eltern erklären soll …«

»Musst es ihnen ja nicht gerade an Weihnachten sagen«, meint Ben, »komm, jetzt ist Marjories Szene dran!«

»Hi Holly«, begrüßt Ben Lanzelot der Dritte die Freundin seines Sohnes, die ihn mit Tränen in den Augen umarmt. »Ich hab Marjorie auch so gemocht! Setz dich zu uns.« Er rückt und Holly nimmt zwischen den beiden Bens auf der Couch Platz.

»Wir müssen die Nerven behalten, okay?«, flüstert Ben Lanzelot der Vierte ihr ins Ohr.

11.

Ein Jahr später

Ben Lanzelot der Vierte öffnet seiner Freundin Holly die Tür. »Endlich! Wir warten alle schon auf dich!«

»Ich hab mich gerade erst loseisen können, mein Dad ist wieder in Grüblereien versunken.« Sie drückt ihm eine Tüte Butterkekse in die Hand, selbst gebacken, nach Marjories Rezept.

»He, du siehst cool aus.«

»Danke!«, sagt Holly und zupft sich die weißen Fusseln von den Lippen, die der Weihnachtsmannbartkuss hinterlassen hat. »Du auch!« Er trägt seine rote Weihnachtsmannkluft, die sie irgendwie an ihm mag. Sie macht ihn so ... so erwachsen ... außerdem ist der rote Mantel so kuschelig ...

»Langsam, Freunde!«, kann Ben gerade noch rufen, da stürzen sich die Hunde schon zu einer stürmischen Begrüßung auf Holly. Einer von ihnen richtet sich auf und leckt ihr den Hals.

»Bobby!«, kreischt Holly, worauf Scarlett und Peggy abwechselnd an ihr hochspringen, Harry macht Männchen und Zachary wartet, bis sich ihre geliebte Holly endlich aufs Sofa gesetzt hat, dann legt er seinen schweren Golden-Retriever-Kopf auf deren Schoß. Ben nimmt in seiner roten Weihnachtsmann-Kluft neben ihr Platz.

»Hallo, Holly!«, begrüßen sie Mrs Emma Miller, geborene Bridges, und ihr Mann Ben Lanzelot der Dritte. »Wie geht's deinem Dad?«

»Na ja«, sagt Holly, »er grübelt wieder ... es ist der einzige Fall, den er nicht gelöst hat ...« Emma seufzt und dann seufzen alle und Holly meint, sogar die Hunde zu ihren Füßen seufzen zu hören.

Der Kamin prasselt und das ganze große Haus ist von köstlichem Bratenduft erfüllt. Alle denken sie an Marjorie, bis Emma sagt: »Ben, erzähl uns unsere Marjorie-Weihnachtsgeschichte!«

Ben räuspert sich, wirft Holly einen liebevollen Blick zu und fängt an.

»Also, der Weihnachtsmann war wie jedes Jahr mit einem großen Sack voller Geschenke von Haus zu Haus unterwegs. Diesmal übernahm sein Sohn, Ben Lanzelot der Vierte, der in die Fußstapfen seines Vaters, Großvaters und Urgroßvaters getreten war, die Pflicht des Geschenkeverteilens. Alle waren sie Weihnachtsmänner gewesen und Ben Lanzelot der Vierte sollte die Tradition fortsetzen. Doch der fand es netter, dass ihn seine Freundin in diesem Jahr begleitete ...« Der Weihnachtsmann zwinkert Holly zu. Holly muss grinsen.

»Der Weihnachtsmann und seine Freundin kamen also an das Haus von Marjorie Campbell Moore. Sie mochten die alte Dame sehr. Außerdem mochte auch der Dad des Weihnachtsmanns Emma Bridges, Marjories Haushälterin.« Ben Lanzelot zwinkert seinem Dad zu, während der nach Emmas Hand greift und sie liebevoll streichelt. »Diesmal hatten der Weihnachtsmann mit seiner coolen Assistentin Holly ein ganz besonderes Geschenk für Marjorie dabei: Die Oscar-Statue für die beste Horrorfilmdarstellerin, ein Weihnachtsgeschenk ihres Fanclubs! Gott sei Dank war der verhasste Sohn von Marjorie, der Schrecken aller Weihnachtsmänner und Hunde, ausgezogen. Er hatte geheiratet und kam nur noch selten zu Besuch. Doch an diesem Weihnachten sah der Weihnachtsmann das Auto von Tom Campbell Moore auf dem Kiesweg vor dem Haus parken. Er überlegte, ob er nicht erst woandershin fahren und später zurückkommen sollte, vielleicht wäre der Sohn dann wieder weg. Plötzlich aber drangen laute Stimmen aus dem Haus. Der Weihnachtsmann und seine Freundin stiegen aus dem Auto – äh –, vom Schlitten und eilten zum Haus. Die Tür war verschlossen, doch durch die Glasscheibe konnten sie beobachten, wie Marjorie mit ausgestrecktem Arm auf ihren Sohn zuging. Dieser hielt offensichtlich etwas in der Hand. »Gib sie mir! Gib mir sofort meine Herztabletten! Tom!«, schrie sie verzweifelt.

Marjorie versuchte, die Tabletten in der Hand ihres Sohnes zu erreichen, doch der hielt die Hand über seinen Kopf und brüllte: »Erst wenn du dein verdammtes Testament änderst!« Der Blick des Weihnachtsmanns fiel auf ein Schriftstück, das der Sohn in der anderen Hand hielt.

»Tom! Das kannst du nicht tun! Ich bin deine Mutter!«, schrie Marjorie zurück.

»Genau und du kannst mich nicht enterben, ich bin dein Sohn!«, schrie Tom.

Der Weihnachtsmann schlug gegen die Tür, er musste hinein, er musste diesem Geschehen ein Ende bereiten, er musste Marjorie retten!

Er schlug mit all seiner Kraft gegen die Glasscheibe, bis die Tür nachgab. Doch es war schon zu spät! Als der Weihnachtsmann mit Holly ins Haus stürmte, lag Marjorie bereits am Boden und rührte sich nicht mehr. Kaum standen die beiden im Raum, da warf sich auch schon Tom auf den Weihnachtsmann, riss ihn zu Boden und drückte ihm die Kehle zu.«

»Oh Gott«, flüstert Emma erschauernd.

»Der Weihnachtsmann glaubte, sein letztes Stündlein habe geschlagen. Doch da bekam er mit einer Hand seinen Geschenkesack zu fassen. Und mit Hollys Hilfe gelang es ihm, den Sack zu packen und ihn gegen Tom zu schleudern, der auf ihm kniete. Der Sack mit der schweren Metall-Oscar-Statue traf ihn am Kopf, sein Oberkörper sackte zur Seite. Tom regte sich nicht mehr.

Er ist tot!, dachte der Weihnachtsmann und Holly dachte dasselbe. Wir haben Marjories Sohn umgebracht! Doch da gab Tom ein Röcheln von sich und bewegte sich ein bisschen.

In dem Moment fiel der Blick des Weihnachtsmanns auf den Bogen Papier am Boden.

Testament stand darauf und Holly und der Weihnachtsmann begannen zu lesen.

»Warte«, sagt Emma mit tränenerstickter Stimme und hört für einen Moment auf, den Golden Retriever zu streicheln, der es sich neben ihr auf dem Sofa bequem gemacht hat, »ich brauch Taschentücher!« Sie steht auf, steigt über die übrigen Hunde, die sich behaglich vor dem warmen Kamin ausgestreckt haben.

Der Yorkshireterrier springt sofort auf und folgt ihr.

12.

Ich werde immer Albträume haben von diesem Tag …«, bemerkt Bobby mit einem leisen, trockenen Bellen. Er reibt sich sein linkes Auge.

»Dieser Mistkerl!«, stimmt Scarlett zu, die es sich zu Hollys Füßen bequem gemacht hat. »Seine eigene Mutter!«

»Wisst ihr noch, wie er ihr vor Jahren die glitzernde Uhr geklaut hat?«, sagt Peggy und streicht sich über ihre schwarzen Pudellocken. »Aus der Schublade im Schlafzimmer! Diese wunderschöne, glitzernde Uhr. Ich erinnere mich genau, wie ich im Türrahmen gestanden habe und ihn so laut es ging angebellt habe. Marjorie war im Garten und ich bin zu ihr geflitzt, bin an ihr hochgesprungen, aber sie hat mich nicht verstanden! Dabei hat sie mich doch sonst immer verstanden! Ich war so verzweifelt!«

»Wir hätten ihn da schon beißen sollen!«

»Aber Marjorie liebte ihn, es war ihr Sohn!«, mischt sich Bobby ein. »Da konnte man nichts machen!«

»Eben, das hätte sie nie verstanden«, stellt Zachary vom Sofa herunter fest.

»Sohn hin oder her«, Peggy schüttelt ihre Pudellocken, »so etwas tut man nicht! Die eigene Mutter bestehlen!«

»Der Mistkerl mochte mich nicht«, bringt Scarlett zwischen zusammengebissenen Zähnen hervor.

»Nicht nur dich! Er hat uns alle gehasst!«, ruft Peggy aus. »Bobby hat er einmal, als Marjorie nicht da war, einen ganzen Tag lang in eine Kiste gesperrt, wisst ihr das noch?«

Alle nicken. »Er hat mich mit rosa Farbe übergossen!«, bringt Scarlett mit Mühe hervor. »Und dem kleinen Harry hat er sein Fell abrasiert und ihn Ratte genannt!«, erinnert sich Peggy. Harry fängt schrill an zu kläffen. »Ist ja schon gut, Harry, schon gut!«, beruhigt ihn Bobby und wirft Peggy einen mahnenden Blick zu. »Und mich«, sagt Zachary ganz leise, »mich hat er zum Moor gebracht und mir einen Ball geworfen ... Wenn nicht zufällig unser Nachbar vorbeigekommen wäre ...« Zachary verstummt.

Gedankenversunken schütteln sie alle die Köpfe, bis Emma mit den Taschentüchern kommt.

»So, es kann weitergehen!« Emma gibt dem Vater des jungen Weihnachtsmanns einen Kuss und lässt sich wieder aufs Sofa fallen. Zachary legt sofort seinen mächtigen Kopf auf ihren Schoß.

»Also«, sagt Ben und gibt Holly auch einen Kuss. »Holly und der Weihnachtsmann lasen also das Testament von Marjorie.

Ich, Marjorie Campbell Moore, im Vollbesitz meiner geistigen Kräfte, vermache hiermit mein gesamtes Vermögen meiner treuen und tierlieben Haushälterin Emma Bridges, mit der Auflage, in diesem, meinem Haus wohnen zu bleiben und alle Tiere zu behalten. Mein Sohn Tom wird den Pflichtteil bekommen, mehr nicht. Er hat geglaubt, ich durchschaue ihn nicht, aber ich habe genau gesehen, was er mit den armen Hunden und Katzen hinter meinem Rücken getan hat – und auch wie er den Weihnachtsmann behandelt hat. Alle vorher verfassten Testamente werden hiermit ungültig.

Marjorie Campbell Moore

Da regte sich Tom wieder am Boden. Schnell steckte Holly dem Weihnachtsmann das Testament in seinen roten Weihnachtsmannmantel, der schnappte seinen Sack und zusammen rannten sie hinaus, sprangen ins Auto und fuhren davon.«

»Ich war sicher, dass Tom das Testament zerreißen würde«, sagt Holly. Emma seufzt. »Er hätte alles verkauft und die Tiere ins Tierheim gebracht.«

Ein lautes Jaulen bricht aus.

»Echt krass, die verstehen das«, sagt Ben.

»Manchmal hab ich Mitleid mit meinem Dad«, sagt Holly. »Er kann sich das mit dem Filmblut und allem nicht erklären. Ich hab meinen Eltern ja nie von dem Schauspielunterricht erzählt, den Marjorie uns bei sich zu Hause gegeben hat, mein Dad wäre sicher total ausgeflippt. Ich soll mich doch mit ernsthaften Dingen beschäftigen. Deshalb konnte ich ihm ja auch nicht erzählen, dass wir mit ihr am Tag vor ihrem Tod dieses Video gedreht haben. Und dass Marjorie uns erlaubt hat, das Filmblut zu verspritzen!« Holly stöhnt und die anderen nicken verständnisvoll.

»Irgendwann musst du ihnen sagen, dass du Horrorfilmschauspielerin werden willst, oder?«, meint Emma und Holly nickt. »Vielleicht nächstes Weihnachten …?«

»Marjorie war echt richtig cool«, sagt Ben Lanzelot der Vierte traurig.

»Ja, wenn ihr Sohn ihr die Herztabletten gegeben hätte, wäre sie bestimmt noch am Leben«, sagt Holly und wieder nicken alle. »Sie war ein guter Mensch«, flüstert Emma. »Ich wollte ihr am Tag nach Weihnachten sagen, dass …«, sie blickt zu Ben Lanzelot dem Dritten, dem Vater des Weihnachtsmanns, der sie anlächelt, »… dass wir heiraten wollten. Sie hätte sich so gefreut, sie hat dich – und Ben – und natürlich auch Holly so gemocht.«

Alle nicken und Emma verteilt Taschentücher, damit sich alle die Tränen aus den Augen tupfen können.

»Tom ist nie wieder aufgetaucht«, stellt Ben Lanzelot nachdenklich fest. »Wohin er wohl verschwunden ist?«

Für einen Moment sagt niemand etwas. Doch es ist nicht ganz still. Ein bisschen hört es sich an, als ob ein paar Hunde hüsteln würden.

»Ich hab irgendwie die Vierbeiner in Verdacht«, meint Holly auf einmal und sieht Zachary tief in die Augen. »Aber, sie sagen ja nichts …«

13.

Zachary will aufgeregt bellen, doch Bobby bringt ihn mit einem strengen Blick zum Verstummen. »Es reicht, wenn wir die Wahrheit wissen, Zach«, raunt er ihm zu. Peggy, Scarlett und Harry nicken verschwörerisch. Den Menschen auf dem Sofa werfen sie ergebene Blicke zu.

Dabei denken sie wieder an die schrecklichen Momente, als sie endlich aus dem Zimmer ausbrechen konnten, in das Marjorie sie gesperrt hatte, als sie erfuhr, dass ihr Sohn zu Besuch kam. Das tat sie in der letzten Zeit öfter, weil sie wusste, dass er die Hunde nicht mochte. Sie hörten laute Stimmen und wollten ihrer geliebten Marjorie zu Hilfe eilen, aber keiner schaffte es, die Türklinke zu erreichen. Sie sprangen gegen die Tür, kratzten und bellten, aber als es Zachary endlich gelang, die Klinke herunterzudrücken, lag Marjorie bereits reglos vor dem Kamin. Sie leckten ihr übers Gesicht, rupften an ihrem Hausanzug, zupften an ihrem Haar, doch sie bewegte sich nicht mehr.

»Sie ist tot«, stellte Zach irgendwann fest. »Unsere Marjorie ist tot!« Zach ist der älteste von ihnen und er hat schon einige Hunde für immer gehen sehen. Deshalb wussten sie alle sofort, dass er recht hatte.

Doch da stürzte plötzlich ihr Sohn heran. Er brüllte und sah fürchterlich aus, seine Augen waren rot vor Zorn. Er griff nach dem Schürhaken am Kamin und ging damit auf Bobby los. Da fielen sie über Marjories Sohn her, brachten ihn zu Fall und Bobby hatte schon seine Zähne an seiner Gurgel, um ihm ordentlich Angst einzujagen. Doch da regte sich Tom plötzlich nicht mehr. Seine Augen starrten ins Leere. Scarlett deutete mit der Schnauze auf den Schürhaken in seinem Hinterkopf.

Eine ganze Weile saßen sie da und wussten nicht, was sie nun tun sollten.

Schließlich ging Harry in den Garten und kam mit einem Büschel Gräser zurück, das er Marjorie auf den Bauch legte, dorthin, wo das Herz früher geklopft hatte.

Daraufhin liefen sie alle in den Garten und jeder riss ein paar Gräser oder Blümchen aus und legte sie auf Marjorie. Und sie erinnerten sich daran, wie Marjorie jeden einzelnen von ihnen gerettet hatte:

Zachary aus dem Tierheim, Peggy aus der zweiwöchigen Gefangenschaft in dem verschlossenen Haus, Harry vor dem Verhungern, die völlig verwahrloste Scarlett aus der Mülltonne und den verdroschenen Bobby vor seinem Herrchen.

»Und was machen wir nun mit ihm?«, fragte Scarlett dann. Sie waren sich schnell einig.

Er war schwer, ziemlich schwer und es dauerte eine ganze Weile, bis sie ihn aus dem Haus gezerrt hatten.

Marjories Grundstück war eines der letzten vor dem Moor. Dorthin schleppten sie ihn. Sie kannten sich gut aus. Schließlich war Marjorie oft mit ihnen auf den festen, angelegten Wegen spazieren gegangen. Und sie hatte ihnen eingeschärft, nie die Wege zu verlassen.

Sie fanden eine Stelle, gleich neben dem Weg, die ihnen geeignet schien. Alle zusammen gaben sie ihm einen Schubs und sahen zu, wie erst sein Kopf und dann der Rest seines Körpers in der braunen Masse versank, bis schließlich nur noch die Hände und Füße herausragten. Erst als auch der letzte Finger vom Moor verschlungen war, kehrten sie nach Hause zurück. Vorsichtshalber versteckten sie sich im Nebenhaus, sie wussten ja nicht, wann die Polizei kommen würde.

»Wisst ihr«, sagt Peggy schließlich, »ich finde es toll, dass wir uns so einig waren, einig wie sonst nie.« Sie nicken alle und fressen in Gedenken an ihre geliebte, lustige, warmherzige Marjorie Hollys Butterkekse.

Ulrike Bliefert

Es kommt ein Schiff geladen

Knapp drei Wochen vor Weihnachten auf die Welt zu kommen, ist eindeutig suboptimal: Die Geschenke werden spätestens ab dem zwölften Geburtstag »zusammengelegt«, weil man nach Ansicht sämtlicher Omas, Opas, Tanten, Onkels und Paten – ideologisch infiltriert von den eigenen Eltern – mit zwölf angeblich schon vernünftig genug ist, sich mit einem klitzekleinen, eher symbolischen Geburtstagsgeschenk zufriedenzugeben, »... zumal es dann ja das gaaanz große, tolle Geschenk zu Weihnachten gibt!«. De facto bedeutet das Enteignung, denn während die Geburtstagsgeschenke schrumpfen, nehmen die Weihnachtsgeschenke infolge dieser Regelung leider keineswegs an Wert und Umfang zu.

An meinem Achtzehnten fielen dann nicht nur Geburtstag und Weihnachten zusammen; nein, auch noch das Abigeschenk wurde in das gaaanz, gaaanz tolle, große Geschenk verwurstet! Und so stand ich denn mit frisch erworbener Volljährigkeit und Beinahe-Einser-Abi in unserem Wohnzimmer vor einem länglichen Paket und schaute in die erwartungsvoll glänzenden Augen meiner Eltern.

»Soll ich raten?«

Meine Eltern – sie heißen übrigens Arthur und Sybille – nickten begeistert.

»Eine Uzi?«

Mein Vater lachte. »Wenn, dann könnte es sich bei der Größe höchstens um die Micro-Uzi handeln. Die ist nur knapp neunundvierzig Zentimeter lang. Zwei Kilo schwer, aber mit der gleichen Feuerrate wie die Mini-Uzi.«

Das sollte jetzt niemandem Bewunderung abnötigen. Mein Vater ist bei der Kripo, der muss so was wissen.

»Ein Bauernbrot«, riet ich weiter.

»N-n-n-ajaaa«, feixte meine Mutter, »Alina, wenn du beim zweiten Substantiv den zweitletzten Konsonanten verdoppelst und den drittletzten Konsonanten streichst, bist du schon nahe dran.«

Mama ist Deutschlehrerin. Man darf ihr diesen Quatsch nicht verübeln.

»Aha«, sagte ich, verdoppelte das o, ließ das r unter den Tisch fallen und erhielt den schönen, sinnfreien Begriff »... Bauernboot?!«.

»Sibylle, damit führst du das Kind doch in die Irre. Ein Boot ist kein Hmmm! Da gibt es diverse Unterschiede! Zum Beispiel hinsichtlich Größe und Wasserverdrängung!«

»Das ist alles irrelevant, Arthur. Sowohl ein Boot als auch ein Hmmm funktionieren nach dem archimedischen Prinzip!«

»Das tun Zeppeline auch!«

Während meine zauberhaften Eltern sich einen ihrer vertrauten Zweikämpfe lieferten, hatte ich natürlich längst erraten, um welchen Begriff es sich handelte. Ich meine, »... ähnlich wie ein Boot, nur größer«? Was konnte das schon sein? Ein hübscher, gebrauchter Kleinwagen oder Kohle für den Führerschein bedauerlicherweise nicht!

Ich ahnte Schreckliches, entfernte die Satinschleife und zog den gesuchten Gegenstand aus der liebevoll umklebten Pappschachtel hervor: ein Spielzeug-Schiff aus gelb-rot-grünem Hartplastik! Spielalter drei bis fünf Jahre!

»Aufmachen! Aufmachen!«, skandierten meine Eltern; inzwischen wieder ein Herz und eine Seele.

Das Deck des Bötchens konnte wie der Deckel einer Tupperdose geöffnet werden. Im Bug lag ein Ticket.

'ne Kreuzfahrt?!

Ich versuchte verzweifelt, meine Mimik zu kontrollieren. »Toll. Echt. Super. Freu mich total.«

Wir flogen bis Barcelona. An Bord der *Starfish I* wurden wir von einem halben Dutzend singender Seesternchen in orangefarbenen Miniröcken begrüßt; alle unter dreißig und mit Beinen bis zum Hals. Mein Vater strahlte wie ein Honigkuchenpferd.

Im Atrium – so nennt man auf Kreuzfahrtschiffen die Lobby – war eine glitzernde Winterlandschaft aufgebaut; komplett mit Rehlein, Krippe und Tannenbäumchen. Während ein Pianist im weißen Smoking *Jingle Bells* und andere Oldies intonierte, ging über dem Ganzen in regelmäßigen Abständen ein Schneegestöber nieder. Die künstlichen Flocken lösten sich bei Körperberührung auf magische Weise auf: ein Wunder der Labortechnik, kälte- und nässefrei und wahrscheinlich nicht gerade umweltfreundlich.

Den Heiligabend verbrachten wir bei Dauerregen in Cannes und an den beiden Feiertagen standen Landgänge in Livorno und Civitavecchia – mit Shuttleservice nach Rom – auf dem Plan. Danach drohten zwei ganze, lange Tage auf See.

Ich schützte eine Magenverstimmung vor, schaltete das anheimelnd knisternde, via Bord-TV in alle Kabinen gesendete Kaminfeuer an und vertiefte mich in den neusten Krimi von Elizabeth George. Der Kabinensteward hieß Bambang, stammte aus Djakarta und versorgte mich mit Snacks, Kakao und Bionade. Und natürlich mit der Bordzeitung: Krippenspiel, Truthahn, Stollen und Kekse, »...

und übers ganze Schiff wandern heute die Heiligen Drei Könige und singen Weihnachtslieder!«.

Ich hatte weder Lust auf Pute und Plätzchen noch darauf, meine Mutter nach dem Dinner als *fashion disaster* übers Tanzparkett rauschen zu sehen, und beförderte die Ankündigungen weiterer Rentner-Events vom ersten Tag an ungelesen in den Papierkorb.

Allerdings bekam ich trotz meines tollen Schmökers nach zweieinhalb Tagen Aufenthalt in der Kabine klaustrophobe Anwandlungen. Kaum waren meine Eltern von Bord, legte ich meinen Krimi beiseite und inspizierte das Schiff. Hier gab es wirklich alles, was die Bewohner einer mittleren Kleinstadt so brauchen: eine Einkaufsmeile, etliche Restaurants und Bars, ein Kino, Fitnesscenter, Tenniscourt …

Da mich das alles – bis auf das Kino – auch an Land nicht unbedingt vom Hocker reißt, beschloss ich, mir ein bisschen Titanic-Feeling zu gönnen, und fuhr mit dem Fahrstuhl aufs unterste Passagierdeck: Hier – knapp oberhalb der Wasseroberfläche – lagen die billigsten Kabinen. Es sah genauso aus wie im Film: menschenleere, enge Gänge und endlos aneinandergereihte Türen. Über allem lastete eine geradezu unheimliche Stille. Ich hatte große Lust, auf der Stelle umzukehren, doch dann siegte meine Eitelkeit: Als zu feige, im Alleingang ein Kreuzfahrtschiff zu durchstreifen, wollte ich nicht einmal vor mir selbst dastehen.

Also fantasierte ich mir ein langes zartlila Empire-Kleidchen an den Leib und anderthalb Kilo feuerrote Hair-Extensions auf den Kopf und spielte Kate Winslet alias Rose DeWitt-Bukater. Gerade als ich im Begriff war, mit dem damals noch ungemein niedlichen Leonardo DiCaprio an der Hand zwecks Austausch ausgedehnter Zärtlichkeiten in Richtung Maschinenraum zu fliehen, hörte ich das Geräusch schwerer Schritte. Dann eine Männerstimme; rau, unterdrückt aggressiv, deutlich gestresst: »Bist du verrückt? Mach doch nicht so'n Krach!«

»Scheiße, verdammte!« Das war eine Frau! Sie keuchte vor Anstrengung. »Jetzt lass uns das Ding doch erst mal 'n paar Sekunden abstellen!«

Es folgte ein dumpfes Poltern.

»Mensch, Stefan...« – erneutes Stöhnen – »... so hab ich mir das echt nicht vorgestellt! Ich hätte auf mein Bauchgefühl hören und die ganze Sache abblasen sollen!«

»Wir ham's ja gleich! Also komm! Soll schließlich keiner mitkriegen, was wir vorhaben, oder?«

»Ach, scheiß der Hund drauf! Das Ding wiegt doch mindestens anderthalb Zentner!«

Der Mann lachte. »Ist doch 'n bekanntes Phänomen, dass Leichen schwerer sind als lebende Menschen!«

Leichen?!

»Sehr witzig!«, fauchte die Frau.

Oh Gott! Da war anscheinend was Furchtbares im Gange!

»Wenn's nicht so gut bezahlt würde, wär ich auf der Stelle wieder weg!«, zischte die Frau und schleppte – den Geräuschen zufolge – den schweren Gegenstand mit ihrem männlichen Gegenüber zusammen weiter.

»Gut bezahlt?!« Der Mann lachte erneut. »Wir werden geradezu fürstlich bezahlt! Schon vergessen?«

»Jajaja! Ist ja gut! Aber ich kapier einfach nicht, wieso manche Leute Mord für 'n prickelndes Abenteuer halten!«

Mord?! Hatte sie da eben tatsächlich Mord gesagt?!

»Du musst es ja auch nicht kapieren, du musst einfach nur mitmachen. So! Hier ist es!«

Der schwere Gegenstand wurde erneut abgestellt, dann entstand eine von unterdrückten Flüchen der Frau gefüllte Pause: Offenbar hatten die beiden Schwierigkeiten, die Kabinentür zu öffnen. Mir schlug das Herz bis zum Hals, aber ich konnte mich einfach nicht zurückhalten und lugte vorsichtig um die Ecke. Der schwere Gegenstand stand hinter den beiden am Boden.

Es war ein Sarg!

Eines dieser tristen grauen Dinger aus Kunststoff, wie man sie manchmal auf verwackelten Tatortfotos in der Zeitung sieht. Ich schlug die Hand vor den Mund, um nicht laut aufzuschreien! Die beiden waren von der Fummelei mit der Chipkarte so abgelenkt, dass ich sie unbemerkt ein paar Sekunden lang beobachten konnte. Der Mann war schätzungsweise Anfang zwanzig und trug Jeans, Strickmütze und Parka. Die Frau war etwas älter. Sie hatte einen Siebzigerjahre-Schlapphut und ein leicht räudig wirkendes Pelzmäntelchen an. Beide trugen Sonnenbrillen. Als die Tür endlich aufsprang, zurrten sie den Sarg in die Kabine und schlossen die Tür.

Ich kannte diese grauen Glasfaser-Särge von meinem Schnupperpraktikum in Papas Abteilung: Normalerweise holen sie damit die Leichen vom Tatort ab. Und ich wusste genau, dass die Dinger leer nicht mehr als fünfundzwanzig oder höchstens dreißig Kilo wiegen! Das Gejammer über die »anderthalb Zentner« ließ da nur einen Schluss zu: Dieses saubere Pärchen hatte soeben vor meinen Augen eine Leiche in seiner Kabine versteckt!

Eigentlich genial, schoss es mir durch den Kopf, *die holen ihr Opfer irgendwann zu später Stunde da raus, tun so, als würden sie 'nen besoffenen Kumpel – oder 'ne Kumpeline – zum Frische-Luft-Schnappen an Deck schleifen und dann: Nichts wie ab über die Reling damit!*

Ich erinnerte mich dunkel, irgendwo gelesen zu haben, dass jedes Jahr zig Leute auf mysteriöse Weise von Kreuzfahrtschiffen verschwinden und dass Jemanden über die Reling zu schubsen, als beinahe perfektes Verbrechen gilt.

Bloß traf das natürlich nur für Passagiere zu, die *lebend* das Schiff betreten und dann nie wieder auftauchen. Wieso man eine Leiche mitsamt Sarg an Bord schmuggeln sollte, war dagegen wenig einleuchtend. Immerhin musste man ja, nachdem man das Opfer diskret losgeworden war, auch noch den Sarg entsorgen. Und schließlich ist so ein Kunststoffsarg ein verdammt auffälliges Accessoire, egal ob leer mit Leiche oder – zum schnellen Versenken – mit Wackersteinen gefüllt.

Meine Überlegungen hinsichtlich der Beschaffungsmöglichkeit von Wackersteinen auf Mittelmeer-Kreuzfahrtschiffen wurden jäh unterbrochen, als ich hörte, wie das Mörderpärchen – jetzt offenbar wieder versöhnt und bester Laune – die Kabine verließ. Und sie gingen in meine Richtung!

Hektisch machte ich mir an der nächstbesten Kabinentür zu schaffen; die Aufmerksamkeit stur auf das Schloss gerichtet, ohne nach rechts oder links zu sehen.

»Na? Auch Probleme mit dem Aufkriegen?«

Die Männerstimme klang irritierend sympathisch. Allerdings sprach der junge Mann plötzlich mit deutlichem Akzent.

Ich schaute auf und starrte in die zwei blausten Augen, die ich je gesehen hatte. Doch meine Bewunderung hielt nicht lange vor, denn ich hatte alle Mühe, mich angesichts des Bildes, das sich mir bot, nicht zu verraten: Die Frau trug jetzt ein elegantes hellgraues Business-Kostüm und der junge Mann Tweedblazer und Krawatte! Nun wäre dieser Stilwechsel allein ja noch einigermaßen nachvollziehbar gewesen – schließlich befanden wir uns auf einem Kreuzfahrtschiff –, aber jenseits von Dresscode und flexibler Outfit-Gestaltung hatte der junge Mann jetzt einen Bart und die junge Frau … saß im Rollstuhl! Wenn es noch irgendeines Beweises dafür bedurft hätte, dass die beiden Kriminelle waren, dann war das wohl an Eindeutigkeit nicht zu überbieten!

»Ähm, ich … ich komm irgendwie mit diesen Kartenlesern nicht klar«, stammelte ich.

Der junge Mann lächelte und sah dabei unverschämt gut aus. Reflexartig lächelte ich zurück.

Mensch, reiß dich zusammen!, rief ich mich innerlich zur Ordnung. *Wahrscheinlich ist auch noch das spektakuläre Augenblau ein Fake; schließlich gibt es Kontaktlinsen!*

»Vielleicht kann Herr Mészáros Ihnen behilflich sein«, säuselte die zarte junge Frau im Rollstuhl. Vor ein paar Minuten noch hatte sie wie ein Bierkutscher geflucht!

»István Mészáros«, stellte sich ihr Begleiter vor und küsste mir, ehe ich mich versah, die Hand. »Und das ist meine Kollegin, Elizabeth Miller. Aber alle nennen sie Lizzy. Wir sind Reisejournalisten.«

Wer's glaubt, wird selig, dachte ich, jauchzte – wie ich fand, ziemlich übertrieben – vor Freude auf und schlug mir neckisch mit der Hand gegen die Stirn. »Natüüürlich geht die Tür nicht auf! Ich bin auf dem falschen Deck!«

Und dann machte ich, dass ich wegkam!

Zurück in meiner Kabine überlegte ich hektisch, was ich

tun sollte: den Kapitän alarmieren? Bambang eine Message an den Ersten Offizier mitgeben? An Land gehen und den Carabinieri Bescheid sagen? Aber war ich außerhalb meiner Kabine überhaupt sicher?!

Ich beschloss, mich nicht von der Stelle zu rühren und auf meine Eltern zu warten.

Wozu hat man schließlich 'nen Kriminalkommissar als Vater?

Die beiden kamen gegen sechs zurück und ließen mich vor lauter Begeisterung gar nicht erst zu Worte kommen.

»Hey«, schrie ich, als sie partout nicht aufhören wollten, mir in den höchsten Tönen von Octavians schick restaurierter Stadtvilla vorzuschwärmen, »während ihr weg wart, haben hier zwei Leute 'ne Leiche an Bord geschmuggelt!!!«

Die beiden starrten mich einen Moment lang mit offenen Mündern an. Dann wandten sie einander gleichzeitig – wie beim Synchronschwimmen – die Gesichter zu, prusteten und brachen schließlich in nicht enden wollendes Gelächter aus.

Ich bin eigentlich Pazifistin, aber in dem Moment hätt ich sie ohrfeigen können! Alle beide!

»Wenn ihr fertig seid, wüsste ich gern, was daran so komisch sein soll!«, fauchte ich stattdessen.

»Kind, was genau hast du denn gesehen, hm?«, japste mein Vater und wischte sich die Lachtränen unterm Brillenrand weg.

»Klassischer grauer GFK-Transportsarg mit ausziehbaren Griffstangen und eingearbeiteten Kufen«, erklärte ich stocksauer.

Die Mundwinkel meines Vaters zuckten. »Und du bist ganz sicher, dass das keine Ski-Dachbox war? Für ’nen PKW? Hast doch selber mal gesagt, dass die wie Särge aussehen.«

Das darf ja wohl nicht wahr sein! Da ertappt man zwei leibhaftige Mörder und die eigenen Eltern nehmen einen nicht ernst!

»Okay, Papa«, ich hob beschwichtigend die Hände, »schon kapiert: Du hast Urlaub und willst hier nicht den Bullen raushängen lassen. Aber dann erklär mir bitte mal, wieso sich irgendwelche Freaks mit ’nem zentnerschweren Ski-Dachträger als Handgepäck in Rom aufn Kreuzfahrtschiff schleichen und sich anschließend als Schickimickis verkleidet und mit falschem Bart unters Volk mischen sollten?«

»Mit falschem Bart läuft hier auch der Santa Claus herum.«

»Aber der schleppt keine Leichen durch die Gegend!«

»Kann man nie wissen!« Mein Vater holte mit großer Geste zu einer seiner Lieblingsstorys aus. »Wir hatten Ende der Achtziger mal so’n Fall, wo einer als Nikolaus verkleidet ...«

»Bei dem«, fiel ihm meine Mutter ins Wort. »*Wo* ist nicht korrekt, weil *wo* einen Fragesatz einleitet.«

»Aha.«

Ich beschloss, ein erneut einsetzendes Magengrimmen vorzuschützen, um die beiden so schnell wie möglich loszuwerden. Schließlich gaben sie sich geschlagen und brachen in Richtung Kasino auf.

Ich schlief in dieser Nacht nur wenig und lauschte immer wieder auf verdächtige Geräusche.

Am nächsten Morgen war mir tatsächlich ein bisschen übel; ich brauchte dringend frische Luft!

Um nicht allein durch die Gänge laufen zu müssen, hängte ich mich ins Schlepptau der nächstbesten Touri-Clique, die schwatzend und lachend an meiner Kabine vorbeitobte. Wir rannten geradewegs in ein quer durchs Foyer gespanntes Absperrband. *Crime Scene Tape.* Schwarz auf Gelb. Wie im Fernsehen. Mir blieb schier die Luft weg: Hinter der Absperrung war mit Kreide der Umriss eines liegenden Menschen auf den Boden gemalt; mit einem ekligen dunkelroten Blutfleck in Höhe des linken Ohrs! Zwei Männer in Uniform trugen gerade einen Transportsarg vom Schauplatz des Verbrechens.

»Grauer GFK-Sarg mit ausziehbaren Griffstangen und eingearbeiteten Kufen ...«, flüsterte ich fassungslos.

»Wow! Fachfrau, wa?« Einer der Jugendlichen, in deren Pulk ich hergekommen war, grinste. »Ey Chefe!«, brüllte er in Richtung eines weißhaarigen Herrn, der – ein schwarzes Notizbuch in der Hand – am Tatort stand, »die Kleine hier hat scheinbar voll den Durchblick!«

Seine Kumpels feixten. Ich wäre vor Verlegenheit am liebsten im Boden versunken!

Der alte Herr kam auf mich zu. »Commissario Brunelli«, stellte er sich vor, »aber Sie dürfen Pietro zu mir sagen, Signorina.«

Täusche ich mich oder versucht der Typ, hier im Angesicht des Verbrechens mit mir zu flirten?

»Ich ... ich ...« Ich riss mich zusammen, dachte an mein Kripo-Praktikum und gab zunächst mal meine Personalien an: »Alina Claassen-mit-zwei-A-und-zwei-S, Bäckerweg 13 in 24357 Fleckeby.«

Der Commissario trug alles mit wichtiger Miene in sein Notizbuch ein. Inzwischen hatte sich diesseits und jenseits des abgesperrten Areals ein Pulk von Menschen versammelt. Alle starrten mich an.

»Und-e jetzt-e? Was 'at-e die bella Signorina denn Interessantes auszusagen?«, trompetete Signor Brunelli; so laut, dass es jeder mitkriegte.

»Psst! Der Mann ist nicht hier an Bord ermordet worden«, wisperte ich. »Ich hab gestern beobachtet, wie …« Der Rest des Satzes blieb mir schier im Halse stecken: Auf der anderen Seite der Absperrung stand der blauäugige Falschbart-Träger, schaute schnurstracks zu mir herüber und zwinkerte mir zu. Und grinste noch dabei! Meine Mutter würde zu viel kriegen, aber mir fiel in diesem Moment nichts anderes ein als die ausgelutschte Metapher vom Blut, das einem vor Schreck in den Adern gefriert!

»Ist-e Ihnen nicht-e gut-e, Signorina?«, fragte der Commissario, gestikulierte wild in der Gegend herum und rief: »Ist-e vielleicht-e ein-e Arzt-e 'ier?«

Niemand reagierte. Stattdessen tauchte hinter mir wie aus dem Nichts die unechte Rollstuhlfahrerin auf. »Hallo, Liebes!«, zwitscherte sie, »da bist du ja! Ich such dich schon die ganze Zeit!«

Bevor ich etwas erwidern konnte, wandte sie sich mit zuckersüßem Lächeln an den Commissario. »Meine kleine Schwester«, log sie ihm rotzfrech ins Gesicht. Dann zog sie mich am Kragen meines Pullis zu sich herunter und zischte: »Halt die Klappe und versau uns hier nicht alles, okay?«

Als mir vor lauter Schreck immer noch keine Erwiderung einfiel, posaunte sie lauthals in die Gegend, ich – also, ihre kleine Schwester – habe manchmal leider eine allzu blühende Fantasie und die Herrschaften mögen mir das doch bitte nicht übel nehmen.

»Aber ich hab genau gesehen, wie Sie …«, stammelte ich.

»Unsinn! Du hast gar nichts gesehen, Schwesterchen!« Sie starrte mich an, als wollte sie mich hypnotisieren. »Und jetzt fahr mich bitte zum Frühstücksbuffet, ja?«

Ich schaute Hilfe suchend zu Brunelli hinüber, doch der hatte sich bereits einer anderen Zeugin zugewandt und kritzelte grinsend in seinem albernen Büchlein herum.

»Jetzt komm schon, verdammt noch mal!«, schnauzte mich meine angebliche Schwester an. »Willst du hier Wurzeln schlagen oder was?«

»Nun helfen Sie ihr schon!«, mischte sich einer der Gaffer ein.

»Ja! Unerhört, so was!«, stimmte ihm ein steinaltes Männchen in Lacoste-Hemd und Golfhosen zu.

»Genau! Typisch Jugend von heute«, keifte seine Gattin und schürzte indigniert die aufgespritzten Lippen, »denkt nur an sich!«

Mittlerweile fanden die Umstehenden das Geschehen um mich und meine Schwester offenbar interessanter als das Tatort-Szenario! Ich suchte in ihren Gesichtern verzweifelt nach Anzeichen für Verständnis oder wenigstens Irritation: Schließlich hatte ich eine wichtige Zeugenaussage zu machen und dieser Commissario balzte bereits die nächste Passagierin an, statt mir zuzuhören!

Warum hilft mir denn keiner?! Der Typ ist doch eindeutig 'n Volltrottel!

Es war mehr als deutlich, dass ich von niemandem Unterstützung zu erwarten hatte. Also nahm ich all meinen

Mut zusammen, griff in die Hinterräder des Rollstuhls und brachte das Ding zum Kippen! Als meine selbst ernannte Schwester der Länge nach auf den Boden knallte, ging ein Aufschrei durch die Schaulustigen, aber ich ließ mich nicht beirren! »Leute, das ist alles Fake!«, brüllte ich, »Die tut nur so, als könnte sie nicht gehen! Und die steckt mit dem da …«, ich deutete mit ausgestrecktem Arm auf den Falschbart-Träger, »… unter einer Decke!«

Der Tumult, der nach der ersten Schrecksekunde losbrach, war unbeschreiblich! Helfende Hände richteten meine jammernde Pseudoschwester wieder auf und bugsierten sie zurück in den Rollstuhl, während der Commissario abwechselnd »Madonna!« und »Porca miseria!« zeterte und wild mit seinem Notizbuch herumfuchtelte. Alles schrie durcheinander, die lippengeplusterte Rentnerin scheuerte mir eine und schnurgerade gegenüber durchbrach der Komplize meiner falschen Schwester das Absperrband und rannte auf mich zu. Ich schloss die Augen und dachte: *Jetzt hat mein letztes Stündlein geschlagen!*

Aber statt mich unauffällig im Gewühl abzumurksen, umklammerte Blauauge-Falschbart meine Schultern und raunte mit seiner sexy Stimme »Ganz ruhig, ich pass auf dich auf!« in mein Ohr.

»Meine Schwägerin!«, erklärte er der aufgebrachten Menge. »Manchmal kommt es einfach über sie, verstehen Sie?«

Nein, die aufgebrachte Menge verstand das ganz und gar nicht; sie war hinsichtlich meiner Person bereits bei »Einsperren!« und »Einen Kopf kürzer machen!« angekommen.

Jetzt oder nie!

Ich riss mich los, griff dem Mistkerl mit beiden Händen in den Bart und – ritsch-ratsch! – war das Ding ab; unter erheblicher Mitnahme von Gesichtshaut!

Plötzlich wurde es totenstill. Bis auf Falschbarts unterdrückte Schmerzenslaute.

Als sich das Schweigen bis zur Unerträglichkeit auszudehnen drohte, warf der Commissario wütend sein Notizbuch auf den Boden. »So kann ich nicht arbeiten«, erklärte er – plötzlich ohne jeden Akzent – und marschierte davon.

»Okay. Das war's. Aber meine Gage will ich trotzdem«, grummelte die falsche Rollstuhlfahrerin und stöckelte leise vor sich hin fluchend hinterher.

»Tja. *Shit happens«*, konstatierte der nunmehr bartlose Falschbart-Träger und breitete die Arme aus, als wolle er sein Publikum umarmen. »Damit wäre dann wohl das vorschnelle Ende unseres Murder-Mystery-Events gekommen.«

Die Leute stutzten einen Moment, dann begannen sie zu lachen und die ersten fingen an zu klatschen. Offenbar amüsierten sie sich königlich! Bis auf die facegeliftete Rentnerin. »Ach«, sagte sie, »da war nichts dran echt?«

Nein. Da war gar nichts dran echt! Das war mir jetzt auch klar!

Als die Leute immer frenetischer applaudierten, kamen die falsche Miss Miller – flankiert von den zwei falschen Sanitätern – sowie der ebenso falsche Commissario zurück. Alle fünf Akteure verbeugten sich geschmeichelt und ich wünschte mir nichts sehnlicher, als ganz, ganz weit weg zu sein.

Später – beim spontan von ihm initiierten Sektfrühstück – stellte sich der Falschbart-Träger als Stefan Fleischhauer vor. »István Mészáros ist ganz einfach die wörtliche Übersetzung meines Namens ins Ungarische, verstehst du?«

Ich verstand.

Lisa Müller alias Lizzy Miller spielte normalerweise Gastrollen an der Landesbühne Tübingen, die beiden Sanitäter waren Schauspielschüler und der Darsteller des Commissario war nach fünfundzwanzig Jahren am Heidelberger Stadttheater in Rente gegangen und genoss seitdem in vollen Zügen das Leben als Kreuzfahrt-Mime. »Wissen Sie, mein Rollen-Name ist sowohl eine Hommage an Donna Leons Commissario Brunetti als auch an das Weingut Brunelli in San Pietro! Superbes Tröpfchen, sag ich Ihnen! Pietro Brunelli! Sie verstehen?«

Ja! Wie gesagt: Ich verstand! Alles!

Auch, wieso meine Eltern sich so göttlich über meine Sarg-Geschichte amüsiert hatten: Schließlich lasen die beiden die Bordzeitung und da war das – dank meines Eingreifens total vermurkste – Krimi-Event ja lang und breit angekündigt worden.

Es wurde dann doch noch ganz nett.

Stefans umwerfendes Augenblau erwies sich als echt und ich flirtete nach einer kurzen Pietätspause intensiv zurück.

»Sag mal«, fragte ich, als wir uns schon ein bisschen nähergekommen waren, »was war eigentlich Schweres drin in dem Sarg?«

»Nichts Besonderes.« Er zuckte amüsiert die Achseln. »Deine Leiche bestand aus nichts weiter als einem platzsparend untergebrachten Sammelsurium von Kostümen,

Requisiten und Schminke; inklusive *Crime Scene Tape* und jeder Menge Kunstblut.«

»Und ihr kriegt trotzdem eure Gage?«

»Na logo. Und ganz unter uns: Dein Auftritt als pflichtbewusste Polizistentochter war um Längen besser als das, was in unserem Script gestanden hat.«

Dass ich so unvorsichtig war, Letzteres meinem Vater zu erzählen, war nur auf meine sich bereits anbahnende Verliebtheit zurückzuführen. Kaum waren wir in Piräus vor Anker gegangen, lud Papa die ganze Schauspieltruppe zu Ouzo und Retsina ein und bot an, für kommende Murder-Mystery-Events ein paar superspannende Geschichten aus seinem Kripo-Alltag beizusteuern. Mama erklärte sich natürlich sofort bereit, die entsprechenden Manuskripte sorgfältig durchzukorrigieren.

»Nett, dein Stefan«, sagten sie beide.

Das fand ich auch.

Am Strand von Kusadasi küssten wir uns zum ersten Mal.

Wir durchstreiften Händchen haltend Santorini und verbrachten den Landgang in Salerno an Bord, Marke Winslet und DiCaprio, nur ohne sinkendes Schiff. Als wir am Ende der Reise in Barcelona an Land gingen und auf den Bus zum Flughafen warteten, war es bereits beschlossene Sache, dass ich meinen Studienplatz nach Leipzig verlegen würde. Stefan spielt dort ab Mai den Karl Moor in Schillers *Die Räuber.*

Die Rolle ist ihm wie auf den Leib geschrieben:

Ein sympathischer Mörder? Das passt!

Bettina Brömme

Morgen, Kinder, wird's was geben

Freitag, 23.12.

Fest der Liebe? So ein Schwachsinn! Plötzlich fiel ihm also das Fest der Liebe ein und deshalb sollte ich doch bitte, bitte wieder brav und nett zu ihm sein. Der hatte sie echt nicht mehr alle! Am liebsten hätte ich ihm die Tür vor der Nase zugeschlagen, aber er hielt noch immer mein Handgelenk fest.

»Feire doch mit deinen Fußballkumpels das Fest der Liebe«, schrie ich ihn an und war froh, dass meine Eltern mit Tara zum Punschtrinken bei irgendwelchen Nachbarn gegangen waren. Wo Arthur steckte, war mir egal, daheim war er jedenfalls nicht.

Nick riss die Augen weit auf, sie schimmerten feucht. Was für eine Show!

»Bitte, Sally, echt! Ich brauch dich!« Jetzt umklammerte er mein Handgelenk mit beiden Händen. »Ohne dich …« Gleich würde er sich noch hinknien, dieser Idiot!

»… Ohne dich bin ich kein Mensch mehr, da vegetier ich nur noch …«

Ich versuchte, ihm meinen Arm zu entreißen. »Red keinen Quatsch. Und lass mich los!«

Er packte noch fester zu.

»Aua! Siehst du, genau das meine ich: Du willst immer haben, haben, haben! Aber wenn jemand an dich Ansprüche stellt, dann machst du ganz schnell die Flatter!« Endlich ließ er los. Dafür kam er eine Stufe höher und stand jetzt direkt vor mir im hell erleuchteten Hauseingang. Nein, wir würden hier keine Romeo-und-Julia-Szene hinlegen und erst recht keine aus *Der Widerspenstigen Zähmung*. Ich war froh, dass die nächsten Nachbarn keinen Einblick auf unser altes Forsthaus hatten. Oder war das eher beängstigend?

»Sally«, er legte seine Hand in meinen Nacken, versuchte, mich an sich heranzuziehen. Ich gab ihm einen halbherzigen Schubs und er wich ein wenig zurück.

»Du hast ja nicht mal geduscht«, rief ich.

»Ich wollte so schnell wie möglich zu dir!«, sagte er flehend und stand schon wieder dicht vor mir.

»Ach und vom Trainingsende bis hierher hast du dann trotzdem eine Dreiviertelstunde gebraucht. Ohne zu duschen! Die Halle ist drei Straßen weiter! Willst du mich verarschen?«

Er versuchte, seinen Kopf gegen meine Schulter zu lehnen. »Sally, bitte. Ich habe so lange nachgedacht, was ich dir sagen soll. Wie ich es dir erklä…«

»Halt einfach die Klappe! Hau einfach ab! Lass mich einfach in Ruhe! Soll ich es mir auf die Stirn tätowieren? Ich hab die Schnauze voll von dir. Es ist aus, Nick!«

»Niemals!« Er verschränkte die Arme, ich spürte seinen Atem in meinem Gesicht.

»Und ob!« Nick war zwar einen guten Kopf größer als ich, aber ich stieß ihn mit solcher Kraft fort, dass er rückwärts die Stufen heruntertorkelte, stolperte und mit dem Hintern in dem kläglichen Schneematschrest landete, der unsere Einfahrt bedeckte. Außer seinem Stöhnen war es einen Moment so still wie in der Heiligen Nacht. Ein kleines Stückchen Mond linste hinter einer Wolke hervor, verzog sich aber sofort wieder, als gefalle ihm nicht, was es da sah.

Fluchend rappelte sich Nick auf. Ich stellte mich in die Tür, ich wollte sicher sein, dass er endlich ging. Aber er gab nicht auf. Mit wenigen Schritten sprang er die Stufen wieder hoch und ich konnte ihm gerade noch die Tür vor der Nase zuwerfen. Mit klopfendem Herzen lehnte ich mich an das weiß lackierte Holz. Seine Fäuste donnerten von der anderen Seite dagegen. Er würde den Weihnachtskranz meiner Mutter ruinieren. Dann hörte ich etwas, das wie ein Fußtritt klang. Hoffentlich gab die alte Tür nicht nach.

»Sally«, schrie er immer wieder meinen Namen. Hatte es vorhin noch etwas Flehendes, Verzweifeltes gehabt, klang es jetzt wie das Heulen eines hungrigen Wolfes. Langsam machte er mir Angst und ich war jetzt umso überzeugter, das Richtige getan zu haben. Ich konnte seinen Jähzorn, seine Aggressionen nicht mehr ertragen. Endlich würde ich morgens in der Schule nicht mehr als Erstes herausfinden müssen, wie er heute wohl drauf war. Würde nicht mehr unruhig in meinem Zimmer auf und ab wandern, ohne zu wissen, ob er sich diesmal an unsere Verabredung hielt oder ob seine Fußballkumpels (oder wer auch immer!) mal wieder wichtiger waren als ich. Kurzum: Ich hatte nach einem Dreivierteljahr die Nase gestrichen voll von Nick Lehmann. Draußen war es jetzt ruhig.

Ich spähte durch den Türspion, aber die Außenbeleuchtung war inzwischen erloschen und ich konnte nicht viel erkennen. Zu gerne hätte ich gewusst, ob er endlich aufgegeben und sich getrollt hatte. Vorsichtig öffnete ich die Tür ein kleines Stück. Ein saudummer Fehler! Nick hatte sich auf den Boden gesetzt und trat aus dieser Position mit den Füßen gegen den unteren Teil der Tür. Viel zu überrascht, um etwas dagegenzusetzen, taumelte ich zurück, während er vom Boden aufsprang, auf mich zustürmte und am Hals packte. Scheiße, er war so viel stärker als ich. Ich wollte schreien, aber ich konnte nicht. Sein Griff wurde immer fester und mein Hals immer enger, ich bekam kaum noch Luft.

Ganz plötzlich ließ der Druck nach. Nick rutschte nach unten weg, schlug auf dem Boden auf und vor mir stand breit grinsend Arthur. Er hielt Nicks Beine in den Händen und schleifte ihn zur Türschwelle. Nick schrie, Arthur solle ihn loslassen, aber der dachte gar nicht daran und Nick schaffte es nicht, sich freizustrampeln. Arthur war zwar erst dreizehn, aber dank seines mehrmals wöchentlichen Fußballtrainings ein echtes Kraftpaket. Seitlich kullerte Nick die Stufen nach unten und landete erneut im Schneematsch. Arthur winkte ihm lässig zu. Mit triumphierendem Gesichtsausdruck warf sich mein Bruder von innen gegen die Tür und schloss ab.

»Recht so?«, fragte er, aber ich war schon auf dem Weg in die Küche. Ich brauchte erst mal ein großes Glas Wasser.

Samstag, 24.12., Heiligabend

Rück mein Handy raus«, brüllte ich durchs Haus, doch hinter Arthurs Zimmertür rührte sich nichts. Mir war klar, dass ich ihm dankbar sein sollte, aber trotzdem!

Schlimm genug, dass wir uns einen Computer teilen mussten, dass er jedoch ständig auf meinem Handy irgendwelche Spiele daddelte, nur weil ich länger am Laptop zu tun hatte, ging einfach nicht. Am liebsten hätte ich, trotz meines Alters, dem Christkind persönlich einen Brief geschrieben, dass es Arthur endlich ein eigenes Smartphone bringen sollte. Hoffentlich hatten unsere Eltern ein Einsehen!

Hinter mir öffnete sich die Badezimmertür.

»Ich hab dein Scheißhandy nicht«, sagte er und schlurfte an mir vorbei in Richtung Treppe. Langsam folgte ich ihm. »Echt nicht?«

»Nein! Wieso sollte ich?« Stimmt, erinnerte ich mich, er hatte recht. Nachdem sich die Lage gestern Abend beruhigt hatte, durfte er für seine Heldentat an den Computer. Wir hatten eine geschwisterliche Vereinbarung getroffen: Er verriet unseren Eltern nichts vom Zoff mit Nick (»Was wolltest du auch mit dem?«, »Wir haben dir gleich gesagt, der ist nichts für dich!«) und ich ließ ihn am Computer machen, was und wie lange er wollte, und hielt ebenfalls die Klappe. Ich wuschelte ihm von hinten durch die dunklen, dichten Locken und er duckte sich schnell weg.

»Mama, hast du mein Handy gesehen?«, fragte ich, als ich in die Küche kam. Im selben Moment fiel mir ein, dass ich es höchstwahrscheinlich gestern Abend auf der Anrichte vergessen hatte, nachdem ich Mona, Sibel und Henrike noch jeweils den aktuellen Stand der Dinge gesimst hatte.

»Guten Morgen, heißt das«, begrüßte mich meine Mutter mit ihrem üblich vorwurfsvollen Ton und angelte ein Brot aus dem Toaster. Ich gab ihr einen Kuss auf die Backe, schnappte mir den Toast und sagte übertrieben freundlich: »Guten Morgen!«

Unter dem Tisch krabbelte Tara in ihrem Bären-Schlafanzug hervor und sprang auf meinen Arm. »Heute kommt das Christkind«, schrie sie mir ins Ohr und ich ließ sie auf den Boden herunter. Sie legte ihre dünnen Ärmchen um meinen Bauch und kuschelte ihren Kopf an mich.

»Hey, du bist sieben! Glaubst du echt noch ans Christkind?«, fragte Arthur spöttisch.

»Lass sie«, zischte meine Mutter und zog Tara an sich. »Na klar, gell, mein Spatz?«

»Ja, heute kommt das Christkind! Aber bestimmt nicht zu dir, du Affe!« Tara befreite sich aus der Umarmung, trat Arthur auf den Fuß und rannte aus der Küche. Sofort nahm er die Verfolgung auf.

»Weckt mal Papa«, rief meine Mutter ihnen nach. Dann drehte sie sich zu mir. Mit ernstem Blick. Scheiße, hatte sie das mit Nick doch mitbekommen?

Sie griff wortlos nach einem Bogen Papier auf der Anrichte, wo offensichtlich nicht mein Handy lag, und hielt mir diesen unter die Nase. Zahlen sprangen mich an. Zahlen, die ich erst mal in Relation setzen musste. Eine Drei, eine Acht und eine Zwei waren es und noch ein paar mehr. Nachdem ich ihre tatsächliche Höhe begriffen hatte, verstand ich auch den Rest. Ach du Scheiße!

»Nee! Das kann nicht sein! Die haben einen Fehler gemacht! Ich hab kaum telefoniert letzten Monat!« Ich ließ mich mit dem Wisch in der Hand auf die Eckbank plumpsen. Mir war schlecht.

»Fräulein, komm, keine Ausreden! Das ist jetzt die zweite Rechnung, die so hoch ist. 382,79 Euro! Erklär mir das bitte. Du hast doch eine Prepaid-Karte!« Die Wangen meiner Mutter wiesen eine gefährliche Röte auf. Als würde ihr gleich nicht nur der Kragen platzen. 382 Euro! Ich hatte keine Ahnung, wie das zustande gekommen war.

»Ich weiß nicht, was da passiert ist«, beteuerte ich und

mir war klar, dass meine Argumentation schwach ausfiel. »Echt nicht!« Auch nicht viel besser.

Aber es war ebenso eindeutig, dass nichts, was ich gesagt hätte, besser gewesen wäre. Meine Mutter setzte sich neben mich auf den Stuhl. Wie immer machte sie nicht viel Federlesens darum, was sie wollte.

»Erstens: Du arbeitest das Geld ab.« Mist, verdammter.

»Zweitens: Für die Zukunft sperren wir den Internetzugang auf deinem Handy.« Kacke!

»Und drittens: Ich hab dein Handy weggepackt. Bis nach den Feiertagen gibt es weder das noch den Computer für dich. Haben wir uns verstanden?« Scheiße, das ging echt zu weit!

»Aber ...«, konnte ich gerade noch stammeln, da unterbrach sie mich schon. »Sally, du bist fast siebzehn! Ich verlange, dass du mit diesem Zeug verantwortungsvoller umgehst. 382 Euro, ich glaube, es hakt!«

Ich sprang auf und rannte raus. Ich quetschte mich auf der Treppe an meinem Vater vorbei, der mir von oben entgegenkam und mich verwundert ansah. Ich rannte in mein Zimmer, knallte die Tür zu und ließ mich auf mein Bett fallen. Die Tränen liefen. Mit den Fäusten schlug ich auf mein Kopfkissen ein. Gemein! Sie war einfach nur fies und gemein! War heute nicht Heiligabend? Den würde ich ihr verderben, aber so richtig!

Ich wollte sofort das Internet danach durchforsten, wie ich trotz Prepaid-Karte eine so hohe Rechnung hatte kriegen können. Ich hatte wirklich nichts Blödes gemacht, ich war mir total sicher. Aber, Mist, nein, ich durfte ja nicht ran an den Computer. Also setzte ich mich auf die breite

Fensterbank und starrte hinaus in die Mischung aus Regen und Wind, der kleine Tropfen über die Scheibe jagte. Superwetter für Heiligabend. Passend zu meiner Stimmung. Eigentlich sollte ich jetzt mein Zimmer aufräumen. Die Geschenke einpacken für Tara, Arthur, Papa und … pah! Mamas Geschenk würde ich in die Mülltonne hauen. Dabei hatte ich mir so viel Mühe gegeben. Abendelang hatte ich am Computer einen Fotokalender für sie zusammengestellt. Er war richtig toll geworden. Sie hatte ihn nicht verdient! Sie war so unfair!

Immerhin hatte sie meine kleine Weihnachtsfeier mit Henrike, Mona und Sibel nicht abgesagt. Seit Wochen hatte ich gebettelt und geschleimt, dass ich am ersten Weihnachtsfeiertag nicht mit zu Oma und Opa musste, die heute Abend sowieso zu uns kamen, und dafür mit meinen Freundinnen ein bisschen Party machen durfte.

Stöhnend glitt ich von der Fensterbank. Okay, sie würde ihr Geschenk bekommen. Aber nur wegen morgen.

Tara sprang wie ein Hüpfball durch den Flur. »Ich bin so aufgeregt, so aufgeregt«, krakeelte sie herum. Ich versuchte, den Kragen ihrer mit Sternchen übersäten Bluse geradezurücken, aber es gelang mir nicht. Was machte meine Mutter da so lange im Wohnzimmer? Angeblich war das Christkind doch schon längst dagewesen.

»Meinst du, ich bekomm die Vampirbarbie?« Tara zerrte an meinem Arm.

»Bestimmt«, sagte ich wenig enthusiastisch. Ich hatte seit heute Morgen nicht mehr mit meiner Mutter geredet. Und stattdessen eineinhalb Stunden das Festnetz-Telefon besetzt, um ausgiebig mit Mona zu quatschen. Was meine

Mutter auch wieder ätzend fand. Vielleicht hätte ich noch eine Viertelstunde länger durchhalten sollen und sie hätte mir zumindest das Handy wiedergegeben. Aber sie war hart geblieben.

Arthur saß noch immer oben am Computer. Er würde sicher erst kommen, wenn das Glöckchen im Wohnzimmer läutete und Tara mit Indianergeheul das Zimmer stürmte. Was genau jetzt geschah.

»Fröhliche Weihnachten«, rief meine Mutter strahlend und öffnete die Wohnzimmertür.

»Fröhliche Weihnachten«, nuschelte ich und ließ mich nur widerwillig von ihr umarmen. Mein Vater umarmte mich von hinten, sodass ich wie in einem Elternkäfig gefangen war. Sofort fing Papa an, mich durchzukitzeln, als wäre ich immer noch so klein wie Tara. Schließlich gab ich nach und fing an zu lachen.

»Hör auf«, quiekte ich und kitzelte zurück.

»Eine Vampirbarbie! Geil!«, schrie meine Schwester dazwischen und ließ sich von dem mahnenden »Tara« meiner Mutter nicht abhalten, die nächsten Geschenke aufzureißen.

Arthur schlurfte nun auch herein, hob die Hände zum Peace-Zeichen und sagte: »Jau, frohes Fest, nä!« Umarmen durfte man ihn schon seit ein paar Monaten nicht mehr. Und auch jetzt verschanzte er sich sofort hinter seinen Päckchen. Soweit ich es erkennen konnte, war kein Smartphone dabei. Leider.

Meine schlechte Laune verflog schlagartig, als ich das erste Geschenk aufmachte und ein paar ultracoole neue Kopfhörer mit eingebautem MP3-Player hervorzog. Weihnachten hatte doch seine guten Seiten. Tara hatte mir ein süßes Bild mit Engeln, Weihnachtsmann und Rentieren gemalt, von Arthur gab's eine Riesentafel Karamellschokolade und mein Vater hatte mir einen Stapel Bücher geschenkt, die ich mir garantiert nicht selbst ausgesucht hätte, die mir aber zu hundert Prozent gefallen würden.

»Ach«, sagte er und reichte mir eine Plastiktüte. »Die lag vorhin vor der Tür. Ist wohl für dich, jedenfalls steht dein Name darauf.«

Ich zog einen kleinen, seltsam schweren Karton hervor, der in rot glänzendes Weihnachtspapier verpackt war. Außer meinem Namen, zusammengesetzt aus ausgeschnittenen Zeitungsbuchstaben, stand nichts darauf. Von wem das wohl war? Neugierig öffnete ich den Karton. Ich liebe Überraschungen! Im Karton lag ein Päckchen, noch mal dick eingepackt. Ich nahm es heraus, der Inhalt fühlte sich weich an.

»Mama, Arthur hat gepupst«, sagte Tara und bekam von ihrem Bruder einen Klapps auf den Hinterkopf. »Mama ...« Ihr Aufheulen wurde nur von meinem übertönt.

»Ihhhhhgitt!«, stieß ich aus und alle Augen richteten sich auf mich. Ich hatte in einen riesigen Hundehaufen gegriffen.

Sonntag, 25.12., erster Weihnachtsfeiertag

Noch am nächsten Morgen konnte ich den widerwärtigen Gestank an meinen Fingern riechen. Nick, dieses Schwein! Ich war überzeugt, dass er sich diesen Scheiß – im wahrsten Sinne des Wortes! – hatte einfallen lassen.

Aber eigentlich hatte diese eklige Aktion auch ihr Gutes. Jetzt hatte er mich endgültig davon überzeugt, dass ich zu Recht mit ihm Schluss gemacht hatte. Und vielleicht war es gar nicht so schlecht, dass ich kein Handy hatte. Wahrscheinlich war meine Mailbox voll mit seinen wüsten Beschimpfungen. Zum gefühlt hundertsten Mal wusch ich meine Hände und schnüffelte zaghaft daran. So langsam wurde es tatsächlich besser. Trotzdem zog ich lieber Gummihandschuhe über, als ich anfing, für meine Freundinnen ein superleckeres Weihnachtsbuffet vorzubereiten. Natürlich würden die anderen auch alle was mitbringen, aber ich bereitete den Großteil vor. Es sollte Mango-Mozzarella-Salat mit einer köstlichen Thaisoße geben, einen Berg Satéspießchen mit fettiger Erdnusssoße und Kokosmilchreis mit Kirschen. Außerdem wartete eine riesige Flasche selbst gemachter Eierlikör auf ihren Einsatz und eine Flasche Glühwein hatte meine Mutter ebenfalls genehmigt. (Vielleicht, weil sie nichts vom Eierlikör wusste?)

Mona, Henrike, Sibel und ich waren uns einig, dass Weihnachten eine ziemlich spießige Angelegenheit war, deshalb wollten wir eine Art Südsee-Party veranstalten. Sobald der Familienclan das Haus verlassen hatte, würde ich ein paar hawaiianische Blumenketten um den Weihnachtsbaum winden und die große Palmen-Plastikinsel aufpumpen, die wir im Sommer immer mit zum Badesee nahmen. Mona würde einen pinken Fransen-Sonnenschirm mitbringen und ich wollte so einheizen, dass wir getrost in Sommerkleidchen herumspringen konnten. Die entsprechende Musik hatte ich natürlich auch schon ausgesucht. Bei meinem Vater hatte ich ein paar alte Bob-Marley-

Platten gefunden, außerdem hatten wir Mark Anthony, die Filmmusik zu *Dirty Dancing 2* und einiges mehr. Und natürlich Cocktail-Schirmchen. Für den Eierlikör. Und den Glühwein. Na gut, den würden wir auf Eis stellen, mit Orangensaft und Rum strecken und schon hatten wir eine prima Sangria. Ich spürte, wie sich meine Laune deutlich besserte. So richtig gut wurde sie, als meine Eltern und Tara endlich das Haus verließen. Arthur hatte gejammert, dass eine Erkältung im Anmarsch sei und er deshalb lieber zu Hause und im Bett bleiben wollte.

»Aber wehe, du turnst hier unten rum«, hatte ich klargestellt, doch er hatte nur gegrinst.

»Meinst du, ich will eure Tussenparty mitbekommen und deinen bescheuerten Freundinnen begegnen? Nee, danke, kein Bedarf.« Arthur machte keinen Hehl daraus, dass er meine Mädels nicht leiden konnte.

Ich hatte ihn vorsorglich mit ein paar Satéspießen bestochen, obwohl das sicher gar nicht nötig war. Er hatte endlich das *Fußball-Manager*-Spiel für den PC bekommen und würde so schnell nichts mehr von der Außenwelt mitbekommen.

Sie kamen alle zusammen, als hätten sie sich verabredet. Punkt siebzehn Uhr standen sie, bewaffnet mit Tüten voller Essen, Geschenken und Sommerklamotten vor der Tür.

»Feliz navidad!«, rief ich ihnen entgegen und Sibel zog mich fest an sich.

»Dir auch!«

»Wollt ihr euch gleich umziehen?«

Mona zuckte ein wenig lustlos mit den Schultern und drückte mir den Fransen-Sonnenschirm in die Hand.

»Findste das echt so witzig?« Mein Lachen gefror ein wenig. Seit Wochen hatten wir jedes Detail besprochen, uns sogar gegenseitig den Salsa-Grundschritt beigebracht und jetzt machten die trüben Tassen lange Gesichter.

»Was ist denn mit euch los?«, fragte ich. »Hat euch das Christkind die falschen Geschenke gebracht?«

Henrike fuhr sich mit der Hand über ihre raspelkurzen roten Haare. Wie immer, wenn ihr etwas unangenehm war.

»Nee. Nur ...«

»Was?«

Sibel griff nach meiner Hand und zog mich in Richtung Wohnzimmer. »Lass uns doch erst mal rein, wir haben den ganzen Abend Zeit zum Quatschen. Jetzt müssen wir erst mal das Buffet aufbauen und dann Geschenke auspacken.« Sie zwinkerte mir aufmunternd zu. Die anderen beiden folgten stumm. Was war denn mit denen los? Ich lehnte den Schirm ungeöffnet neben dem Weihnachtsbaum an die Wand.

»Sieht süß aus, dein Pareo!«, sagte Sibel. Ich kam mir ziemlich dämlich vor in meinen Flipflops und dem orangefarbenen Strandtuch vom letzten Mallorca-Urlaub, das ich am Hals verknotet hatte und das mir bis knapp übers Knie reichte. Meine Freundinnen trugen dicke Wollpullis und Jeans.

Als sie den Südsee-Weihnachtsbaum sahen, schmunzelten sie dann doch. Ich hatte auch noch meine, mit Lametta verzierte, Kentiapalme dazugestellt.

»Auf geht's! Geschenke auspacken«, rief Sibel. »Hast du keine Mucke?« Ich legte den Arm des Plattenspielers auf die LP und Bob Marley rauschte los wie das Karibische Meer.

»Gruß von deinem Vater, oder was?«, fragte Mona. »Hier, für dich!«

Ich lachte und legte ihr Päckchen zu den anderen. Es war ein überwältigender Anblick. Da jede von uns allen anderen was schenkte, lagen nun zwölf Päckchen unter dem Baum. Wie schön! Wir hatten, wie verabredet, auf Weihnachtspapier verzichtet und die Päckchen so sommerlich bunt wie möglich eingepackt.

»Und was hast du gestern Schönes gekriegt?«, fragte Sibel.

»Einen Haufen Scheiße«, sagte ich sarkastisch. Henrike sah mich irritiert an.

»Hä?«

Ich erzählte ihnen von Nicks Päckchen. Angewidert hörten sie mir zu, während ich zartgelben Eierlikör in vier Gläser goss. Sibel dekorierte das Buffet mit einer Ananas.

»Wundert mich nicht«, sagte Henrike ernst. »Was hast du dir eigentlich dabei gedacht?«

»Wobei?«, fragte ich und drückte jeder von ihnen ein Glas in die Hand.

»Komm schon«, sagte Mona und mit einem Mal hatte ich das Gefühl, als stünde ich vor einem Tribunal, allerdings ohne den geringsten Schimmer zu haben, welchen Verbrechens ich mich schuldig gemacht haben sollte.

»Hey, tu doch nicht so!« Henrike stürzte den Eierlikör in einem Zug runter.

»Wie wär's mit Anstoßen?« Langsam wurde ich sauer. Was war denn hier los?

»Sally, komm, uns kannst du es doch sagen.« Warum musste Sibel jetzt den Good Cop spielen?

»Dass ich mit Nick Schluss gemacht habe oder was? Das wisst ihr doch. Und ihr habt in den letzten Wochen ständig auf mich eingeredet, ich soll mich von ihm trennen.«

»Darum geht es doch gar nicht«, sagte Sibel.

»Worum denn dann?«

An der Tür klingelte es.

»Kommt noch jemand?«, fragte Mona.

»Klar, der Weihnachtsmann«, sagte ich bitter. Die Klingel schrillte lang anhaltend durchs Haus.

»Gutes Timing«, zischte Henrike, als ich das Wohnzimmer verließ.

Mit dem Öffnen der Tür wehte eiskalte Luft herein. Sofort bekam ich eine Gänsehaut. Draußen stand der Weihnachtsmann.

Ich hatte keine Idee, was ich sagen sollte.

»Hohoho«, brüllte mir der Weihnachtsmann entgegen und für einen Moment war mir, als wüsste ich, wer hinter der breit grinsenden Plastikmaske und dem weißen Rauschebart stecken könnte. Mit energischem Schritt trat er ein und schloss die Tür.

»Wer ist das denn?«, fragte Sibel hinter mir lachend. »Hast du den für uns bestellt? Sag bloß, das ist ein Stripper!«

Die Kälte wich nicht.

»Nick?«, fragte ich, aber der Weihnachtsmann schüttelte nur vergnügt den Kopf und brummte in tiefen Tönen: »Fröhliche Weihnachten.«

»Nick, hör auf mit dem Scheiß«, sagte ich. Wer sollte auch sonst in diesem albernen Kostüm stecken? Sicher wollte er uns einen Schrecken einjagen, aber jetzt war es auch gut. »Ich kann mich nicht erinnern, dich eingeladen zu ha…« Der Weihnachtsmann schob mich einfach zur Seite und marschierte ins Wohnzimmer. Nicks Gang war nicht so schwankend. Aber vielleicht lag das an dem Sack, den der mysteriöse Santa auf dem Rücken trug. Von der

Größe her konnte er es schon sein. Unter der roten Mütze mit dem weißen Fellrand war kein einziges Haar zu erkennen. Die muskulöse Statur passte auch, aber herrje, die passte auf viele. Ich folgte dem Fremden benommen. Was sollte das alles?

Der Weihnachtsmann trat an das große Panoramafenster im Wohnzimmer. »Schöne Aussicht. So ruhig. Nichts als der liebe Wald.« Er seufzte, dann drehte er sich zu uns. »Hm, wolltet ihr gerade mit der Bescherung anfangen? Da komme ich ja genau richtig.« Polternd setzte er seinen Sack auf dem Boden ab. Ich konnte die Stimme noch immer nicht einordnen. Er verstellte sie zu stark.

Henrike baute sich breitbeinig vor ihm auf. »Wer hat dich denn bestellt? Soll das eine Überraschung sein, Sally?«

Ich schüttelte den Kopf. Henrike versuchte, dem Weihnachtsmann die Mütze vom Kopf zu ziehen. Blitzschnell umklammerte er ihr Handgelenk mit seinen schwarz behandschuhten Fingern. Überrascht schrie sie auf.

»Pfoten weg«, presste er hervor. Wessen Stimme war das bloß? Ihren Arm noch immer umklammernd drückte er sie auf einen Stuhl nieder. »Schön brav sein, du willst doch ins goldene Buch, oder?« Er ließ sie los und Henrike rieb die rote Stelle.

»Arsch«, zischte sie.

»Also«, fing ich an. »Ich hab keine Ahnung, wer du bist und was du willst. Aber du bist definitiv nicht eingeladen. Das ist eine reine Mädelsparty. Verschwinde!«

Er antwortete mit einem grollenden Lachen und hielt sich den Bauch, der unter dem langen roten Mantel wie ein Kissen aussah.

»Nix da«, sagte er, ließ sich in den Sessel neben dem Weihnachtsbaum fallen und begann, seinen Sack aufzuschnüren.

»Na ja, wenn du Geschenke mitgebracht hast, kannst du die ja verteilen, dann bekommst du noch einen schönen Eierlikör und dann ist gut, ja?«, versuchte es Sibel auf die freundliche Art. Der Weihnachtsmann nickte bestätigend. Dann fuhr seine Hand in den Sack und holte die erste Gabe heraus. Sie war nicht verpackt. Sie war lang, hölzern und er hielt sie fest am Griff. Ein Baseballschläger.

»Was soll das?«, fragte Mona. Der Weihnachtsmann stand auf und ging auf sie zu. Mit dem Kopf des Schlägers klopfte er rhythmisch in seine Handinnenfläche.

»Hinsetzen«, sagte er und stieß sie leicht mit dem Schläger vor die Brust. Mona setzte sich. Ich starrte entsetzt auf seine grinsende Maske.

»Bitte«, sagte ich. »Nick – oder wer immer du bist –, lass meine Freundinnen da raus. Wenn du mit mir was klären willst, dann schicke ich sie weg. Muss doch nicht alle Welt mitkriegen.« Hoffentlich würden sie sich weigern zu gehen. Um nichts in der Welt wollte ich mit diesem Typen alleine sein.

»Hahaha! Guter Witz.« Es klang nicht so, als ob er lachte.

»Reicht es nicht, wenn du ihr Hundekacke zu Weihnachten schenkst?«, fragte Sibel. Der Weihnachtsmann drehte sich um.

»Nette Idee! Merk ich mir fürs nächste Jahr. Habt ihr hier auch was zu trinken?« Er tippte mit dem Baseballschläger auf die Eierlikörflasche, die auf dem Beistelltisch neben der Couch stand. »Ich meine, was Anständiges?« Er holte kurz aus, traf und die Eierlikörflasche zerschellte auf dem Fliesenboden.

»Hach, Entschuldigung«, quietschte er. »Ist bestimmt noch was zu retten.« Genüsslich drehte er den Baseballschläger in der gelben Schmiere, die sich wie eine Eiterschicht auf das Parkett legte. Dann deutete er mit dem Schläger auf meine Brust. Ich wich zurück.

»Hier, probier mal, ob man's noch trinken kann.« Ich schüttelte den Kopf.

»Lass den Blödsinn«, zischte Mona. Sofort hielt er ihr den Schläger vors Gesicht.

»Ach, du möchtest?« Sie setzte sich neben Henrike. Der Schläger zielte erneut auf mich.

»Komm schon«, sagte er und hielt mir das Holz direkt vor die Lippen. Er war vollkommen ruhig. »Probier, los!« Ich wollte nach hinten ausweichen, aber da war die Kante des Esstischs. Ich schob ihn ein wenig nach hinten, aber der Weihnachtsmann folgte jeder meiner Bewegungen.

»Du hast dir doch so Mühe gegeben mit der Plörre. Mach schön dein Schnäbelchen auf! Sofort!« Ich kniff die Augen zusammen. Er würde verschwinden, wenn ich ihn nicht sah. Ich würde verschwinden. Etwas Hartes stieß gegen meine Lippe. Ich beugte den Kopf zurück. Warum half mir niemand? Ich öffnete die Augen. Er stand dicht vor mir, den Schläger hatte er etwas von meinem Gesicht entfernt. Ich konnte riechen, wie er schwitzte. Nick roch anders.

»Du …«, hob ich an und da berührte er auch schon mit der Keulenspitze meine Lippen.

»Schön ablecken«, sagte er und es kam mir vor, als würde sein Plastikgrinsen noch breiter. Ich spürte die kühle Feuchtigkeit des Likörs, ich wollte ihn so schnell wie möglich runterschlucken und fuhr mit der Zunge über meine Oberlippe.

»Autsch!« Ich spuckte aus, ich spuckte ihm vor die Füße, aber es war zu spät. Ich schmeckte das warme, metallische Blut. Eine winzige Scherbe musste im Likör gewesen sein. Endlich, als habe er Angst um seinen langen schneeweißen Bart, wich er einen Schritt zurück. Ich presste den Finger auf den kleinen Schnitt an der Lippe, aus dem beharrlich das Blut tropfte.

»Und das wolltest du deinen Freundinnen anbieten?«, fragte er. »Du bist eine schlechte Gastgeberin, Sallylein. Stell dir vor, sie hätten sich an deiner Stelle die Fresse aufgeschnitten. Tststs …«

»Aber …«

Er stieß mir so fest mit dem Baseballschläger vor die Brust, dass ich gegen den Esstisch polterte.

»Du bist ein böses Mädchen. Wie gut, dass ich etwas zu trinken mitgebracht habe.« Mit wenigen Schritten stand er wieder an seinem Sack und wühlte darin. Ich versuchte, mit Mona, Sibel oder Henrike Augenkontakt herzustellen, aber sie waren alle stumm wie Fische auf ihn fixiert. Das konnte doch nicht sein! Wir waren zu viert und er ganz allein – und wir konnten nichts tun. In meinem Kopf dröhnte das Brechen von Knochen, die von einem Schläger zermalmt wurden. Ganz so, wie es mir Arthur neulich in einem YouTube-Video gezeigt hatte.

Der Weihnachtsmann hatte gefunden, wonach er gesucht hatte: eine Flasche Wodka. Trotz der Handschuhe bekam er sie ganz leicht auf. Doch wenn er jetzt trinken wollte, dann würde er die Maske anheben müssen. Dann könnte ich ein klein wenig von seinem Gesicht erkennen.

»Hehe, ich hab an alles gedacht«, freute er sich, als hätte er meine Gedanken gelesen. Aus der Manteltasche holte er einen Strohhalm, der durch die Mundöffnung seiner Maske hindurchpasste. Er pustete durch den Halm in die Flasche. Das Blubbern klang wie bei Tara, wenn sie morgens mit ihrem Kakao spielte. Beinahe hätte ich reflexartig »lass das« gesagt, so wie es meine Mutter immer tat. Mama, dachte ich. Ihr habt doch sicher was vergessen, wie so oft, ihr vergesst doch immer irgendwas und kommt noch einmal zurück. Und dann rettet ihr uns, bitte. Aber es kam niemand. Nur der Weihnachtsmann kam wieder dicht an mich heran und hielt mir seine Wodka-Flasche entgegen.

»Komm, Schwesterchen, trink«, grölte er und rammte mir den angesabberten Strohhalm zwischen die Lippen. »Schön trinken, auf geht's!«

Vorsichtig sog ich an dem Halm. Es brannte wie Feuer. Ich stöhnte auf. Er lachte. Henrike nahm ihm mit einem schnellen Griff die Flasche aus der Hand.

»Lass sie in Ruhe!«

Er berührte mit dem Schläger ihre Schulter. Es sah aus, als würde er sie gleich zum Ritter schlagen.

»Dann trink du«, forderte er sie auf. »Trinkt alle. Wir wollen doch in Partystimmung kommen.«

»Das ist nicht witzig«, sagte Mona und ich sah, wie sie Henrikes Hand nahm.

»Tja, so ist das«, antwortete der Weihnachtsmann. »Das Leben ist kein Fest der Liebe.« Es musste doch Nick sein.

Mit einem Satz war er bei Mona, packte sie im Nacken, beugte ihren Kopf nach hinten, riss Henrike die Flasche aus der Hand und goss die Flüssigkeit in Monas Gesicht. Sie kreischte auf und versuchte, sich mit ihren Händen zu schützen. Der Weihnachtsmann ließ sie los und warf ihr die Flasche in den Schoß. Dann schlenderte er zum Plattenspieler. Die erste Seite der LP war inzwischen beendet. Er kratzte mit der Nadel über die A-Seite.

»Ups. So ein altmodisches Gerät aber auch! Was wird da der Papa sagen? Ich hoffe, es war nicht seine Lieblingsplatte.«

Ich biss mir auf die Lippen, um nicht loszuschreien. Irgendwie müssten wir ihn doch überwältigen können. Aber wie? Mit seinem Schläger hätte er uns in null Komma nichts außer Gefecht gesetzt. Ich fühlte mich wie gelähmt.

»So, Kinderlein, Zeit für die Bescherung. Ach nein, eigentlich müsst ihr euch eure Geschenke erst noch verdienen. Ich hab da eine prima Idee.« Er sprang auf mich zu und zerrte mich in die Mitte des Raums. Beinahe wäre mein Pareo aufgegangen, ich konnte den Stoff gerade noch festhalten. Durch die kleinen Löcher in Höhe der Augen erkannte ich ein blaues Blitzen. Nein, verdammt, das war nicht Nick. Nick hatte braune Augen. Wer zum Teufel war das?

»So, Sallylein, jetzt singst du uns erst mal ein schönes Weihnachtslied vor, ja?« Mona und Henrike starrten mich reglos an, wie Rehe, die in den Scheinwerfer eines Autos geraten waren. Sibel kaute an ihren Fingernägeln. Sie war völlig in sich zusammengesunken, als könne sie so sichergehen, dass er sie nicht wahrnahm.

»Ich kann nicht singen«, sagte ich schroff. Der Weihnachtsmann trommelte erwartungsvoll auf das Holz seines Schlägers. Himmelherrgott, ich bekam eine Riesenwut. Ohne zu überlegen, machte ich einen Satz auf ihn zu.

Und lag schon am Boden. Er hatte mich einfach umgestoßen. Beim Fallen hatte ich mir das Schienbein an der Ecke des Couchtisches gestoßen. Scheiße, tat das weh!

Mona sprang auf. »Schluss jetzt!« Sie kniete sich neben mich und fuhr mir mitleidig über den Kopf. »Es mag Scheiße gewesen sein, was sie gemacht hat, Nick, aber du kannst hier nicht den Rächer spielen.« Ich spürte eine große Welle, die aus meinem Hals in Richtung Augen gespült wurde.

»Was hab ich denn verdammt noch mal gemacht?«, schluchzte ich auf. »Und außerdem: Das ist nicht Nick!« Ich verstand gar nichts mehr. Der Weihnachtsmann schob Mona zur Seite und zerrte mich am Ellenbogen nach oben. »Du singst jetzt!«, schrie er mich an.

»Vergiss es«, schrie ich zurück. Er knallte mit dem Schläger auf den Boden. Wie sollte ich meinen Eltern die fette Delle im Parkett erklären?

Die Schlägerkuppe berührte meinen Fuß. Diesmal würde er ihn vielleicht wirklich einsetzen. »Nein, warte.« Ich sah mich Hilfe suchend um. Meine Freundinnen starrten bewegungslos nach unten. »Okay, was?«

Er ging ein paar Schritte zurück. Wieder klopfte er mit der Keule in seine offene Hand. »Was du magst. Da bin ich nicht so. *Stille Nacht* vielleicht?«

Ich räusperte mich. Scheiße, was sollten diese Psychospielchen? Mein Hals war komplett zugeschnürt. Ich konnte jetzt nicht singen. Nicht einen Ton. Sibel stellte sich dicht neben mich und schlang ihren Arm um meine Taille.

»Ich sing mit. Sollen wir *Morgen, Kinder, wird's was geben* singen?« Ich nickte ihr dankbar zu. Der Weihnachtsmann machte es sich auf der Plastikinsel bequem. Ich würde keine Silbe herausbringen.

»Morgen, Kinder«, fing Sibel an. »Los mach mit. Morgen, Kinder, wird's was geben ...« Ich krächzte. Spuckte die Töne einzeln hervor. Es brannte in meiner Kehle, jedes verdammte Wort brannte. Sibel sang immer lauter. »Morgen, Kinder, wird's was geben, morgen werden wir uns freuen.« Der Raum wurde unscharf, von Schlieren übertüncht, Tränen rannen über meine Wangen. »Welch ein Jubel, welch ein Leben, wird in unserm Hause sein«, keuchte ich. Genug, genug, es war genug! Gnädig fing der Weihnachtsmann an, in seine behandschuhten Hände zu klatschen.

»Bravo«, sagte er. »Braaavo!« Jetzt erst bemerkte ich, dass er den Schläger quer über den Beinen liegen hatte. In den Händen hielt er sein Smartphone.

»Das wird ein hübsches Video. Sallylein singt im neckischen Pareo Weihnachtslieder. Zum Piepen! Würde ich ja am liebsten gleich hochladen! Aber das wäre vielleicht ein wenig unvorsichtig.«

»Untersteh dich«, fauchte ich ihn an.

»Wer andern eine Grube gräbt ...« Er schüttelte bedächtig den Kopf. Was sollten diese Sprüche?

»Könnt ihr mir endlich mal sagen, was hier los ist?«

»Oh, Fräulein Unschuld«, ätzte plötzlich Henrike. Was hatte die denn heute?

»Hach, ist das schön hier. So gemütlich! So wohl habe ich mich schon lange nicht mehr gefühlt. Ihr seid wirklich nette Mädchen«, sagte der Weihnachtsmann und lehnte die Keule an das Sofa. »Aber Hunger hab ich jetzt.«

»Gerne!« Wenn er aß, musste er die Maske abnehmen, oder zumindest anheben. »Bedien dich.«

»Gleich«, sagte er und stand auf. Er zog den Sack zu sich und kramte darin herum. Bisher hatte er noch nichts Gutes daraus hervorgezogen. Jetzt hielt er ein Bündel Kabelbinder in der Hand.

»So, Lady«, er wandte sich an mich. Wieso hatte er ausgerechnet mich auf dem Kieker? Ich kannte ihn nicht mal, da war ich sicher! »Deine Freundinnen setzen sich jetzt hier schön auf die Stühle und du bindest sie ein bisschen fest. Dann stören sie uns nicht.«

Meine Beine zitterten, sie würden gleich wegknicken. Lässig stützte er sich auf den Baseballschläger und streckte mir die Kabelbinder entgegen.

»Was soll der Scheiß?«, fragte ich zum wiederholten Male und bekam noch immer keine Antwort.

»Mach«, schrie er.

Sibel setzte sich als Erste brav auf einen der Esstischstühle. Sie war total blass. Mona stand hinter ihr und massierte ihr sanft die Schultern.

»Lass sie doch heimgehen!«, versuchte ich es.

»Ich liebe Publikum«, sagte er. Mit drei donnernden Schritten sprang er auf mich zu. Ich erschreckte mich so, dass mir erneut die Tränen kamen. »Hör auf mit der Flennerei. Mach schon!«

Sibel hielt ihre Hände hinter den Stuhl. Was war das für ein Albtraum? Aufwachen, bitte, sofort! Ich nahm einen Kabelbinder vom Tisch und schlang ihn um Sibels Handgelenke. Wie zart sie waren.

»Und schön festziehen«, mahnte der Dreckskerl.

»Es tut mir leid«, wisperte ich, aber Sibel nickte nur.

»Fester.« Er stieß mich beiseite und zog das Kabel enger. Sibel stöhnte leise. Mona setzte sich neben sie.

»Das geht doch ein bisschen schneller«, zischte der Weihnachtsmann. Ich hatte den Eindruck, dass er so langsam vergaß, seine Stimme zu verstellen. Aber ich kam immer noch nicht darauf, wer er sein könnte.

»Du glaubst doch nicht, dass du damit durchkommst«, versuchte es Mona. Der Weihnachtsmann trat dicht an sie heran, während ich auch ihre Hände mit Kabelbinder umschlang. »Noch ein Ton und du hast einen Knebel im Mund. Hör auf mit dem Gelaber!«

Ein kurzes »Pling« ließ ihn herumfahren. Henrike hatte sich bis an die Terrassentür geschlichen. In der Hand hielt sie ihr Handy. Mit wenigen Schritten war er bei ihr. »Weg mit dem Ding oder du bist dran«, schrie er, riss ihr das Gerät aus der Hand und schleuderte es auf den Boden. Es schlitterte unter den Schrank. »Arsch«, Henrike funkelte ihn wütend an. Am Ellenbogen zerrte er sie durchs Zimmer, drückte sie auf einen dritten Stuhl und hatte sie blitzschnell gefesselt. Henrike stieß einen unartikulierten Schrei aus, aber als er drohend die Hand hob, verstummte sie.

Warum hörte uns Arthur nicht? Verdammt! Sein Zimmer lag zur anderen Seite hinaus, zum Wald, im Obergeschoss, alle Türen waren zu. Und vielleicht hatte er sogar Kopfhörer auf. Selbst wenn er aufs Klo gehen musste, würde er nicht unbedingt etwas bemerken. Und da er seinen Weihnachtsteller mit Süßigkeiten und die Satéspieße neben dem Computer stehen hatte, würde er nicht mal Hunger bekommen.

»So«, der Weihnachtsmann sah sich zufrieden um. »Das hat schon viel Schönes. Jetzt kannst du mir was zu essen bringen. Von allem etwas.« Ich nahm einen Teller vom Tisch. Mein Blick fiel auf das Messer, das neben der Ananas lag, die Henrike mitgebracht hatte. Wenn ich nun danach greifen und …

»Das nehm lieber ich!«

Ich hatte gar nicht bemerkt, wie er hinter mich getreten war. Mit einem schnellen Griff hatte er sich das Messer geschnappt. Ich tat, als beachte ich ihn nicht weiter, und belud den Teller mit Mozzarella- und Mangostücken, mit Satéspießen und Weißbrot. Mit zitternder Hand reichte ich ihm das Essen. Er nahm den Teller und legte das Messer zurück.

»Sieht gut aus«, freute er sich. Jetzt würde er bestimmt gleich die Maske hochschieben. Er stellte den Teller hinter sich aufs Fensterbrett, drehte die Plastikinsel ein wenig, setzte sich hinein und legte die Füße auf die Heizung unterm Fenster. Ein wenig rutschte der Mantel nach oben. Nichtssagende Jeans waren zu erkennen.

»Du setzt dich da unten hinter dieses Plastikteil«, befahl er barsch. »Mit dem Rücken zu mir! Und wehe, du drehst dich um. Ich merk das, kapiert?« Ich ließ mich fallen. Ich verstand nicht, woher ich noch die Kraft hatte, das hier durchzustehen. Mir war kalt. Er nestelte an seiner Maske herum und begann zu schmatzen. Keiner von uns konnte auch nur ein Stückchen seines Gesichts sehen. Wir hörten ihn nur genüsslich schmatzen.

»Was hast du mit uns vor?«, fragte Henrike in die Stille hinein. »Ich meine, willst du uns alle umbringen?« Ihre

Stimme klang fest. Sie war echt meine coolste Freundin. Oft geradezu unbarmherzig in ihren Urteilen. Aber immer klar und gerecht. Nur was sie heute gegen mich hatte, das wusste ich nach wie vor nicht.

»Ich will nur ein bisschen Spaß mit euch haben, das ist alles«, sagte der Weihnachtsmann zwischen zwei Bissen. »Wie du mir, so ich dir.«

»Aber wir haben dir doch nichts getan, wir wissen ja nicht mal, wer du bist«, stieß ich verzweifelt hervor.

»Du bist echt eine richtig gute Lügnerin, Sallylein«, sagte er.

»Jetzt sag ihr schon, worum es geht«, forderte Mona ihn auf.

»Aber das weiß sie doch, die kleine Schauspielerschlampe. Sicher führt sie euch auch ständig an der Nase rum. Ihr merkt es nur nicht.«

Ich legte die Arme über meine aufgestellten Knie und ließ den Kopf dazwischensinken.

»Sie lästert ständig über euch! Hinter eurem Rücken verbreitet sie jede Menge Schwachsinn. Wusstet ihr das nicht?«

Ich hob erschrocken den Kopf. »Was erzählst du da für einen Scheiß?«

»Na, komm, gib doch zu, dass du dich über Monas Babyspeck lustig machst. Hast du nicht gesagt, es ist kein Wunder, dass sie keinen Typen abbekommt mit dem Arsch?«

»Was?« Mona sah mich entsetzt an. Ihre dunkelgrauen Augen funkelten in ihrem blassen Gesicht wie polierter Obsidian.

»Das ist nicht wahr! Glaub ihm nicht.« Meine Stimme klang krächzend. Wie die einer Lügnerin! »Der will nur einen Keil zwischen uns treiben, merkt ihr das nicht?«

»Und über Henrike hast du gesagt, sie sei eine Streberin.«

Woher wusste er das? Natürlich hatte ich mich gelegentlich mal aufgeregt, wenn ich mit einer der drei Streit hatte. Aber ich hatte höchstens bei Nick meinen Dampf abgelassen.

»Und Sibel, die süße Sibel! Ach, wenn sie nur nicht immer so stinken würde.«

Ich stürzte mich auf ihn, hieb ihm von hinten meine Fäuste auf die Mütze. Die Maske rutschte ihm vors Gesicht. Er ließ den halb abgegessenen Teller einfach fallen, duckte sich, hielt schützend die Hände über seinen Kopf. Dann sprang er auf und packte meinen Arm. Mit Leichtigkeit hatte er ihn mir auf den Rücken gedreht. Während ich versuchte, nach unten auszuweichen, zog er ihn immer weiter nach oben. Es tat saumäßig weh.

»Hör auf«, schrie Sibel.

»Warum?«, schrie er zurück. »Sie ist eine Verräterin, sie hat es nicht anders verdient.«

»Ich sag so was nicht über euch«, schluchzte ich. Ich kauerte auf dem Boden, sein Knie drückte in meinen Rücken. Ich war unfähig, mich zu bewegen. Auflösen wollte ich mich, auflösen in das Nichts, als das ich mich fühlte. »Bitte glaubt ihm nicht. Er lügt!«, stieß ich hervor.

»Na ja, das mit dem Film ist unbestreitbar«, sagte Henrike. Wie konnte sie jetzt immer noch so vernünftig klingen?

Moment. »Welcher Film?«

»Vielleicht war sie ja besoffen, als sie das gemacht hat«, sagte Mona. Sie klang kalt. Sie klang, als ob sie mich hassen würde.

»Ich weiß nichts von einem Film. Ich sag keine fiesen Sachen über euch. Ihr seid meine Freundinnen. Wie könnt ihr jemandem glauben, der uns hier gefangen hält und mit einem Baseballschläger bedroht?«

»Du hast zu mir auch schon gesagt, dass Sibel manchmal nach Schweiß riecht.« Mona, diese Verräterin! Ich hob vorsichtig den Kopf. Sibel saß reglos da, eine Träne lief über ihre Wange.

»Ja, und? Keiner von uns hat sich getraut, was zu sagen. Nur weil ich es ausspreche, bin ich jetzt die Böse, oder was?!« Ja, sie roch manchmal komisch. Streng. Nach Schweiß oder Essen. Na und? Trotzdem war sie meine Freundin. Meine beste.

»Sibel, es tut mir leid. Ich wollte dir nicht wehtun!«

»Schluss mit der Gefühlsduselei!«, schrie der Weihnachtsmann. Endlich nahm er sein Knie von meinem Rücken und zog mich am Ellenbogen hoch. »So, ich habe eine Idee.« Unsanft stieß er mich in den Sessel und zog aus der Manteltasche sein Handy hervor. »Wir drehen jetzt einen hübschen kleinen Entschuldigungsfilm. Den können dann alle anschauen. Das wird fein.« Er stand auf. »Maske«, rief er. »Wir brauchen eine Maske vor deinem großen Auftritt! Hast du irgendwo Schminkzeug?« Ich schüttelte den Kopf. Das konnte nicht sein Ernst sein! Er blickte sich im Zimmer um und entdeckte Monas Rucksack auf dem Esstisch.

»Na, da findet sich doch bestimmt was.« Mit wenigen Schritten hatte er den Rucksack herbeigezerrt und wühlte darin herum. Er schmiss Monas Handy, Tampons, eine Haarbürste und einen halb gegessenen Schokoladenriegel durch die Gegend.

»Mona, Mona«, seufzte er. »So wird das wirklich nichts mit den Jungs, wenn du immer Schokolade frisst.« Endlich fand er ihren Schminkbeutel. Den Baseballschläger zwischen die Knie geklemmt, hockte er sich vor mich.

»Augen zu«, sagte er und klang fast wie Bruce Darnell. »So, Schätzchen, jetzt machen wir dich mal gaaanz hübsch.« Ich versuchte auszuweichen, aber seine Finger umklammerten mein Kinn. Er schmierte mir großzügig hellblauen Lidschatten um die Augen, klatschte mir großflächig Rouge auf die Wangen und zog schließlich mit Monas knalligstem Lippenstift die Linie meines Mundes sehr ungenau und grob nach. Ich sah mich nicht, aber ich ahnte, dass ich wie der Abklatsch einer billigen Nutte aussehen musste.

»Hör auf«, wisperte Sibel. »Lass doch den Scheiß.«

»Wieso? Ich find, sie sieht prima aus«, sagte der Weihnachtsmann. »Ach, und – scheiß drauf!« Er riss sich die rote Mütze vom Kopf und nichts außer völlig gewöhnlichen dunkelblonden Haaren und einer Frisur, die jedem x-Beliebigen gehören konnte, wurden sichtbar. Er stülpte mir die Mütze über. Ich verging vor Scham. Ich schluckte und würgte an meinen Tränen. Den Triumph gönnte ich ihm nicht.

»Gleich geht's los«, rief der Mistkerl fröhlich. »Eins fehlt noch!« Er griff nach einer der Blumengirlanden aus dem Weihnachtsbaum und legte sie mir um den Hals. Ich starrte auf den Boden, versuchte, mich nicht mehr wahrzunehmen. Ich presste die Existenz meines Körpers an den äußersten Rand meines Bewusstseins, versuchte, ruhig zu atmen. Dennoch spürte ich, wie er die Handykamera auf mich richtete.

»Und bitte!« Er konnte wirklich eine sehr freundliche Stimme haben.

»Was?«, flüsterte ich.

»Dein Geständnis. Deine Entschuldigung!« Ich verstand immer noch nicht.

Er packte mich am Kinn, riss es zu sich hoch. Mein Hals schmerzte. Mama, dachte ich, Papa, holt mich hier raus. Bitte!

»Du entschuldigst dich jetzt bei Mona, Henrike und Sibel-Zwiebel für deine fiesen Äußerungen. Und dann entschuldigst du dich bei mir. Du weißt schon, wofür.« Es ging nicht, ich konnte die Tränen nicht zurückhalten. Ich schrie es hinaus: »Ich weiß nicht, was du von mir willst!« Er gab mir eine schallende Ohrfeige. Ich keuchte vor Schmerz und Entsetzen. Sibel kreischte auf, Mona stöhnte und Henrike versuchte, mitsamt dem Stuhl aufzustehen.

»Los, keine Müdigkeit vorschützen.« Seine Stimme triefte vor Häme.

»Ich weiß wirklich nicht, was du von mir willst!« Meine Wange brannte noch immer.

»Doch, das weißt du.« Mit wenigen Schritten war er bei meinen gefesselten Freundinnen. Er beugte sich über Sibel. »Oh ja, die riecht tatsächlich ganz fies nach Schweiß. Na ja, ist vielleicht auch gerade eine etwas stressige Situation für sie.« Er lachte wie ein alter Ziegenbock. Dann packte er den Wasserkrug, der auf dem Tisch stand. Er griff in Sibels Haare, zerrte ihren Kopf zurück und hielt den Krug über ihren Kopf. Sie saß stocksteif, die Augen weit aufgerissen. Ihr Unterkiefer zitterte.

»Hör auf!«, fuhr ihn Henrike an.

»Was denn? Eine kleine Wäsche kann Wunder wirken!« Er ließ etwas Wasser auf Sibels Stirn tropfen. Sie versuchte, ihm auszuweichen, doch er hielt sie weiter fest. Der Wasserstrahl wurde kräftiger.

»Lass sie«, schrie Mona. Das musste Arthur doch endlich gehört haben! Der Weihnachtsmann lachte und stellte den Krug zurück. Sibel schüttelte sich, so gut es ging. Die feinen Tropfen sprühten bis zu mir.

»Na komm«, er stand jetzt wieder vor mir. »Sag deine Sprüchlein und ihr seid mich los. Langsam fangt ihr an, mich zu langweilen.«

»Damit kommst du nicht durch«, sagte Henrike. »Ich weiß, wer du bist.«

Ich schaute erstaunt zu ihr hinüber. Bluffte sie? Ich hatte immer noch nicht den blassesten Schimmer.

»Ganz schlechte Idee«, sagte der Weihnachtsmann. »Wenn du mich verrätst, dann komm ich mit meinem Freund hierher ...«, er stieß mit dem Baseballschläger auf den Fußboden, »... und verhau dich. Oder deine kleine Schwester.« Henrike senkte den Blick.

»Na, Sallylein, bist du bereit?«

Ich sah zu meinen Freundinnen. Mona und Sibel weinten still vor sich hin. Henrike brütete mit finsterem Gesichtsausdruck. Ich konzentrierte mich auf einen Punkt ganz tief in mir drin. Sammelte Kraft. Jetzt. Ich blickte ihm fest ins Gesicht. Ich, das war gar nicht ich. Das war eine Schaufensterpuppe, die nur für kurze Zeit zum Leben erweckt war. Ich atmete tief ein und lange aus.

»Was soll ich denn sagen?«, fragte ich.

»Du kennst den Text doch am besten. Du sagst einfach,

dass du nie mehr über Mona sagen wirst, dass sie fett ist, über Sibel, dass sie ...«

»Schon gut«, unterbrach ich ihn. »Mach das Ding an.« Vielleicht würde der Akku seinen Geist aufgeben. Vielleicht würde das Handy angesichts meiner Worte einfach platzen, explodieren, uns alle zerreißen. Ich schluckte. Ich sah eine Schweißperle, die über seine Stirn rann. Die kurzen Haare halfen nicht weiter. Ich kam einfach nicht darauf, wer er sein könnte.

»Ich werde nie wieder ...«, begann ich zitternd.

»Ach, und sag deinen Namen, ganz, ja?!«

»Ich, Sally Anreiter, werde nie wieder über ...«, es war schwer. So verdammt schwer. Wie damals, in der dritten Klasse, als ich zum ersten und einzigen Mal eine Sechs im Rechnen bekommen hatte und es meinen Eltern beichten musste. Tagelang hatte ich Bauchschmerzen, bis ich mich endlich überwand. Schluchzend, zitternd. Ich musste das Zittern unter Kontrolle kriegen.

»Bisschen Tempo«, herrschte er mich an.

»... werde nie wieder über Mona ... über Mona sagen, dass sie ...« Wie Worte schmerzen konnten. Auch den, der sie aussprach.

»Mach schon«, schrie Mona. »Sag es endlich!« Und dann sprudelten die Sätze aus mir heraus.

»Mona, dick ist ... nicht mehr sagen ...«

Ich verhaspelte mich.

»Dass Sibel eine, äh, Henrike, dass Henrike eine ...«

Versprach mich.

»Und stinkt. Sage nicht, dass sie ...«

Ich schluckte Tränen, quetschte irgendwelche Laute hervor und war sicher, kein Mensch würde irgendwas verstehen.

»Sehr schön«, sagte der Weihnachtsmann zufrieden. »Und jetzt musst du dich nur noch bei mir entschuldigen.« Ich sank in mich zusammen. Mein Kraftzentrum war eine leere Hülle, meine Seele war klein geschrumpelt wie eine Erbse vom letzten Winter. Ich konnte nicht mehr.

»Los«, donnerte er. »Sag: Ich entschuldige mich, dass ich den Film bei Facebook eingestellt habe! Sag es!«

»Was für einen Film? Ich war seit Tagen nicht auf meinem Facebook-Account«, rief ich.

»Verlogene Schlampe!« Er schlug mir den Baseballschläger gegen den Oberschenkel. Ich krümmte mich.

»Ich weiß nicht, wovon du sprichst«, ich schrie jede Silbe, als müsse ich sie unter Schmerzen aus meinem Mund pressen. Er hob drohend den Baseballschläger.

Das Telefon klingelte. Wir zuckten alle zusammen. Arthur, bitte, hör es. Komm runter, geh ans Telefon. Bitte. Der Anrufbeantworter sprang an. Nirgends sonst ein Geräusch. »Hallo, ihr zwei!«

»Mama«, schrie ich verzweifelt. Der Weihnachtsmann drückte mir die Kuppe des Knüppels in den Magen.

»Wir wollten nur Bescheid sagen, dass wir bei Oma und Opa übernachten, okay? Ihr habt ja sicher gesehen, wie furchtbar es jetzt schneit. Im Kühlschrank ist genug zu essen. Küsschen, wir kommen morgen Mittag. Dann kriegst du auch dein Handy zurück, Sally-Schatz. Und viel Spaß euch! Aber feiert nicht so laut, dass sich die Nachbarn beschweren, ja?«

»Das sind doch gute Nachrichten«, sagte er. »Und habt ihr gehört: Ihr sollt nicht so laut schreien, sonst regen sich die lieben Nachbarn auf.« Ich erklärte ihm nicht, dass meine Mutter das ironisch gemeint hatte. Dass es ringsum keine Nachbarn gab, die uns hören würden. Das Grundstück des alten Forsthauses war einfach zu groß.

»Gut, das wäre geklärt.« Er wirkte zufrieden.

Ich versuchte, mich aufzurichten. Mir war mit einem Mal alles egal. Keiner würde mir helfen. Wir waren ihm restlos ausgeliefert. Das Beste war, ich würde das hier schnell hinter mich bringen. Hinter uns bringen.

»Mach an«, sagte ich pampig. Er nickte. »Läuft.«

»Ich entschuldige mich für den Film, den ich eingestellt habe. So okay? Gehst du jetzt?« Er lachte laut auf. Es war nicht mehr das »Hohoho« vom Anfang, es war sein echtes Lachen. Ein freundliches, großzügiges Lachen. Wer war der Mensch hinter dieser Scheißmaske?

»Moment«, sagte Mona plötzlich. »Und was ist, wenn sie nicht lügt? Wenn sie den Film tatsächlich nicht bei Facebook reingestellt hat? Sie hat mir am Samstag früh erzählt, dass Nick ihr eine Szene gemacht hat. Und dass Arthur sie gerettet hat. Und dass er dafür den Rest des Freitags an den Computer durfte.«

»Aber wo soll der denn den Film hergehabt haben?«

Henrikes Wangen gewannen ein wenig Farbe zurück. »Keine Ahnung. Von Nick? Fakt ist, außer diesem Film am Freitagabend hat Sally in den letzten Tagen nichts mehr eingestellt.«

»Das passt nicht zu ihr«, bestärkte Sibel sie.

»Wovon redet ihr da? Ich habe keinen Film eingestellt!«

»Papperlapapp«, unterbrach sie der Weihnachtsmann. »Wir stellen jetzt erst mal dieses nette kleine Filmchen ins Netz. Und ich weiß auch schon, wohin. Auf deine Facebook-Seite, Sallylein!« Ich stöhnte. Er klickte auf seinem Smartphone herum.

»Los, sag mir dein Passwort, dann loggen wir uns gleich bei dir ein.«

»Vergiss es!«

Er drückte den Schläger jetzt schmerzhaft in meinen Magen.

»Dein Passwort!«

»Sie war es nicht! Sie hat den Film nicht reingestellt, ganz sicher«, sagte Henrike. »Du hast die Falschen erwischt. Lass uns frei und wir sagen nichts!«

»Unsinn!« Der Druck des Schlägers auf meinen Magen verstärkte sich erneut.

»Nickschatz1«, quetschte ich hervor. Der Weihnachtsmann gewann seine gute Laune zurück und kicherte fröhlich. »Was für ein dämliches Passwort!« Er zog einen der Handschuhe aus, um die kleine Tastatur besser bedienen zu können.

»Ah ja, hier sind wir ja«, sagte er. Tipp, tipp, tipp, tipp, tipp ... ein Rhythmus wie von Totentrommeln. »So, hochladen. Fertig! Wollt ihr wissen, was ich geschrieben habe?«

»Nein«, schrie Henrike.

In diesem Moment ging die Tür auf.

Ich war nie glücklicher gewesen, meinen kleinen Bruder zu sehen. Blass, mit verstrubbelten Haaren und rot geränderter Nase schlurfte Arthur herein. »Will nicht stören, mach mir nur'n Tee und 'n Erdnussbuttersandwich«, sagte er. Und dann: »Scheiße, was ist denn hier los?« Er riss die Arme zurück, offensichtlich nicht sicher, wohin er sich wenden sollte. Abhauen oder helfen? Der Weihnachtsmann nahm ihm die Entscheidung ab, packte ihn am Arm und zog ihn in die Zimmermitte.

»Ach, der kleine Arthur. Der Dribbelkönig.«

Woher kannte er meinen Bruder?

»Wer ist der Typ?«, stieß Arthur hervor. »Was will der von euch?«

»Rache«, sagte Mona und ihre Stimme klang eisig. »Für einen Film, den Sally angeblich bei Facebook hochgeladen hat.« Arthur nieste. Dem Weihnachtsmann auf die Maske. Der wich zurück.

»Scheiße«, quetschte Arthur hervor. »Und deswegen ziehst du hier so eine Show ab, Nick?«

»Das ist nicht Nick«, sagte ich.

»Das ist Christian«, sagte Henrike. Ich sah sie verblüfft an.

»Welcher Christian?«

Arthur presste sich die Faust auf den Mund.

»Christian Ehrbacher«, fuhr Henrike fort, mit eiskalter Stimme. »Er spielt doch zusammen mit Nick Fußball, oder nicht? In deinem Verein, Arthur.«

»Schnauze«, herrschte der Typ hinter der Maske sie an. Er klang zum ersten Mal nervös. Er ließ Arthur los. Eine gespenstische Stille erfüllte den Raum. Keiner bewegte sich. Nur Arthur versuchte, in kleinen, unauffälligen Schritten Richtung Tür abzuhauen.

Christian Ehrbacher. Das war doch dieser Vereinskumpel von Nick, den keiner leiden konnte. Dieser schreckliche Angeber, der an jedem, aber auch wirklich jedem Tor beteiligt sein wollte. Der ständig sein ach-so-tolles Fußballwissen ungefragt zum Besten gab. Der Typ, der sich in jedes Gespräch mischte, der alles aufschnappte und kommentierte mit seinen öden Witzchen. Der Typ, der bei jeder Frau zwischen vierzehn und vierundvierzig abblitzte. Das war Christian Ehrbacher!

»Arthur«, sagte ich. Mein Bruder blieb sofort stehen. »Was weißt du über die ganze Sache?« Er sah auf den Boden, als sei der übersät mit kostbaren Weihnachtsgeschenken. Langsam hob er die Schultern. Und senkte sie ebenso langsam. Christian schoss auf ihn zu.

»Du warst das! Du hast diesen Scheißfilm im Namen deiner Schwester gepostet, du kleine Sau!« Er hatte ihn am Kragen gepackt und hielt ihm die Faust unter die Nase. Ohne nachzudenken, sprang ich Christian auf den Rücken. Ich umklammerte seinen Hals. »Lass ihn in Ruhe, lass ihn.« Ich schrie, das Zimmer drehte sich, Christian wand sich und ich segelte quer über den Fußboden, gegen den Weihnachtsbaum. Von meinem Aufprall aus dem Gleichgewicht gebracht, kippte die Tanne, ihre spitzen Nadeln bohrten sich in meine Haut, der Pareo verrutschte. Ich lag unter der zwei Meter hohen Tanne. Irgendwo hörte ich es rumpeln, jemand schrie: »Du kommst jetzt mit.« Türen wurden aufgerissen und dann flutete eiskalte Nachtluft ins Zimmer. Es war still. Entsetzlich still.

Mein eigenes Wimmern hielt mich wach. Vorsichtig hob ich den Kopf. Mona, Henrike und Sibel saßen noch immer auf ihren Stühlen. Völlig starr. Von Christian und Arthur war nichts zu sehen. Es half nichts, ich musste mich alleine unter diesem Baum hervorquälen. Um mich herum lag ein Meer von winzig kleinen Scherben. Die meisten Kugeln, Erbstücke von meiner Großtante, waren zu Bruch gegangen. Ich konnte mich kaum rühren, ohne in einen Splitter zu fassen. Langsam wie ein Krokodil bewegte ich mich vorwärts. Meine nackten Waden wurden von Nadeln gepiesackt. Meine Unterarme bekamen blutige Schnitte von den Scherben. Als ich endlich stand, sah ich aus wie der geschundene Leichnam Christi. Dabei war noch lange nicht Ostern.

Doch jetzt war keine Zeit, um nach meinen Wunden zu sehen. Schnell griff ich nach dem Messer und schnitt die Kabelbinder durch. Es war, als hätte ich meine Freundinnen dadurch ins Leben zurückgeholt.

»Er hat Arthur mitgenommen«, quetschte Sibel hervor. Wir fielen uns in die Arme. Wir schluchzten, alle, sogar Henrike. Von oben mussten wir aussehen wie eine erdbebenartig wogende Rückenlandschaft. Keine wollte die andere loslassen. Erst als die ersten Blutstropfen aus meinen Schnittverletzungen auf den Boden tropften, kam wieder Henrikes pragmatische Seite zum Vorschein. »Los«, drängte sie mich. »Leg dich aufs Sofa. Ich hab Pflaster in meinem Rucksack. Und du musst dich aufwärmen.« Als hätten die anderen nur auf ihr Signal gewartet, kamen sie in Bewegung. Mona schloss die offene Haustür, Sibel setzte Teewasser auf. Henrike wischte mit einem feuchten Tuch die verschmierte Schminke aus meinem Gesicht.

»Und Arthur?«, jammerte ich. »Was, wenn er Arthur etwas antut?«

»Wir schauen gleich nach ihm«, versuchte Henrike, mich zu beruhigen. »Der bekommt bestimmt nur eine Abreibung Schnee.«

»Das kannst du nicht wissen! Du hast doch gemerkt, wie wütend der war. Hallo? Wir müssen hinterher …«

Sie drückte mich aufs Sofa zurück. »So garantiert nicht.«

»Wir brauchen einen Plan«, stimmte Mona zu. »Jetzt verarzten wir dich erst mal, dann ziehst du dir was an und dann suchen wir nach ihnen.«

»Da sind die doch über alle Berge«, stöhnte ich. Sibel hielt mir heißen Tee hin. Ich nahm nur einen kleinen Schluck. Ich wollte Arthur finden! Aber dann fiel mir etwas ein. »Sagt ihr mir jetzt endlich mal, von was für einem verdammten Film ihr die ganze Zeit redet?«

Mona hob die Augenbrauen. »Du weißt es echt nicht!«

Ich pustete über den Tee. »Nee, du weißt doch, dass meine Mutter mir Handy und Internet gesperrt hat.«

Sibel zog ihr Handy aus dem Rucksack. Sie öffnete die Facebook-Seite, loggte sich unter meinem Namen ein und ging auf meine Seite. Bevor sie den mysteriösen Film startete, löschte sie meinen letzten Beitrag. Die Entschuldigungsbotschaft. Aber es war bereits zu spät. Unter diversen spöttischen Kommentaren war auch Nicks zu finden. »Hahaha! Geil! Was 'ne Schlampe :D« hatte er gepostet und das Video geteilt. Mona strich mir tröstend über den Rücken. »Sie werden es vergessen. Irgendwann.«

Hoffentlich!

Und dann startete Sibel den Film. Der Film, der an allem schuld war!

Er war sehr wackelig, ich brauchte einige Momente, um zu begreifen, was ich da sah.

Als Erstes ist im grellen Licht ganz groß die Kante eines Türrahmens zu erkennen, weiße Kacheln und ein hässlich beiger Fliesenboden. Auf dem Boden kauert jemand. Er ist nackt. Und er schreit. Wasser plätschert. Ein Duschkopf kommt kurz ins Bild. Die Kamera schwenkt zurück zu dem am Boden Hockenden. Ein muskulöser Oberkörper, trainierte Beine. Um ihn herum noch mehr Männer. Ebenso durchtrainiert. Viele nur in Unterhose. Sie treten nach ihm. Einer hat ein Handtuch, es ist zusammengerollt, es trieft vor Nässe. Mit dem Handtuch schlägt er auf den gekrümmten Körper ein. Zur Gegenwehr hat er kaum noch Kraft. Stattdessen Stöhnen, Schreie. Aber auch Lachen, hämisch, gehässig. Zu zweit schlagen sie ihn nun mit nassen Handtüchern. Rote Striemen, dort, wo sie ihn treffen. Er wimmert nur noch.

»Hört auf«, sagt irgendeine Stimme. »Er hat's bestimmt kapiert, der arrogante Arsch.«

»Ich bin noch nicht fertig«, sagt eine andere Stimme. Er geht dicht an das wimmernde Stück Mensch heran. Stupst ihn mit dem Fuß. Dann zieht er seine Unterhose herunter und fängt an zu pinkeln. Alle grölen vor Lachen. »Geil«, sagt der, der die Kamera hält und dessen Stimme ich sehr gut kenne. Er geht dichter an das Geschehen heran, man sieht die Tropfen über den zitternden Körper rinnen. Auf dem verzerrten Gesicht des Jungen bleibt die Kamera schließlich stehen. Der Film reißt ab.

Ich fühlte mich wie erschlagen. Das Telefon in meiner Hand zitterte. Mona nahm es mir ab. »Widerlich, oder?«, sagte sie.

»Und ihr«, ich rang nach Worten. »Und ihr habt gedacht, ich hätte diesen Film reingestellt?« Henrike sah mich unsicher an.

»Na ja, er war auf deiner Pinnwand. Es war deine Statusmeldung.« Ich konnte nur den Kopf schütteln.

»Aber woher hätte ich den Film haben sollen?«

»Von Nick natürlich. Hast du seine Stimme nicht erkannt? Er hat den Film gedreht.« Mona ließ das Handy in ihrer Tasche verschwinden.

»Aber ich hab doch mit Nick Schluss gemacht. Das kann doch nicht sein ... Ihr meint echt, Arthur hat ...?« Der

Gedanke erschien mir völlig wahnsinnig. Warum sollte mein kleiner Bruder so etwas tun. »Wir haben ja nicht mal Streit gehabt. Im Gegenteil – er hat mir geholfen, Nick rauszuschmeißen.«

Sibel legte mir einen Arm um die Schulter. Sie war inzwischen in meinem Zimmer gewesen und hatte mir warme Klamotten geholt. Ich zog einen dicken Pullover über, auf dem aufgestickte Schneeflocken tanzten.

»Keine Ahnung, woher er den Film hatte. Hat Nick vielleicht sein Handy bei euch vergessen?«, fragte Henrike. »Der Kommentar zum Film lautete: ›Unglaublich, wozu Nick Lehmann, dieses Schwein, in der Lage ist.‹ Ich glaube, Arthur dachte, er tut dir einen Gefallen, wenn er Nick als bösen Kameramann outet. Dass er dabei Christian bloßstellt, daran hat er wahrscheinlich nicht gedacht. Hey, er ist zwölf, oder?«

»Dreizehn seit sechs Wochen«, wisperte ich.

»Wir müssen die Polizei rufen«, sagte Mona.

»Wir müssen Arthur finden«, sagte ich. Und sank aufs Sofa zurück. Jeder Körperteil fühlte sich völlig kraftlos an.

»Und wenn wir erst mal deine Eltern anrufen?«, schlug Sibel vor. Ich schüttelte den Kopf.

»Vielleicht hat Christian ihm ja nur eine kleine Lektion erteilt.«

»So, wie der drauf war?« Henrike umklammerte sich mit ihren Armen. »Ich würde sagen, wir schauen erst mal draußen, in der Nähe, und wenn sie da nicht sind, rufen wir bei der Polizei an.« Ach, Henrike, immer hatte sie einen Plan. Ich sah sie dankbar an. Sibel half mir hoch, ich war ganz schön zittrig auf den Beinen. Wir verpackten uns in dicken Jacken, Schals, Handschuhen und Mütze.

Das Fensterthermometer zeigte minus sechs Grad. Arthur hatte bloß ein T-Shirt angehabt, eine Jogginghose, keine Socken, nur Filzhausschuhe.

Der Weihnachtsmann war offensichtlich zu Fuß gekommen. Weder auf dem Hof noch auf der Straße stand sein knallroter Mazda MX-5, den, wie ich von Nick wusste, der Papi dem Söhnchen zum Achtzehnten geschenkt hatte. Wäre vielleicht auch ein bisschen auffällig gewesen.

»Hey, hier, seht mal!«, schrie Sibel. Sie stand an dem schmalen Durchgang zwischen Doppelgarage und unserem umzäumten Gartenstück. Der enge Pfad führte direkt in den angrenzenden Wald. Und die Spuren im Schnee – von zwei Paar Füßen – waren noch deutlich zu erkennen.

Ich atmete tief ein. Die kalte Luft tat gut. Ich wurde wieder klarer im Kopf, konnte mich auf das konzentrieren, was nun wichtig war: Arthur finden!

Henrike blickte uns einer nach der anderen fest in die Augen und legte den Zeigefinger an die Lippen. Kein Mucks!

Wir liefen im Gänsemarsch los, doch schon nach wenigen Metern blieb Henrike an der Spitze abrupt stehen.

»Scheiße«, flüsterte sie und deutete in den Schnee. Die Fußspuren überschnitten sich, verbreiterten sich, traten sich gegenseitig, der Schnee war zerwühlt. Trotz der Dunkelheit konnten wir die roten Tropfen erkennen, die uns entgegenleuchteten. Als habe Hänsel seinen Weg nicht mit Brotstückchen markiert, sondern mit seinem eigenen Blut. Ich atmete und atmete, doch die Luft schien nicht auszureichen. Als hätten wir nicht nur ein paar Schritte bis hierhin zurückgelegt, sondern einen Marathon.

»Schsch«, machte Mona und packte mich an den Schultern. »Langsam, ganz langsam! Sonst hyperventilierst du noch.« Ich nickte und versuchte, mich zu beruhigen.

»Weiter«, mahnte Henrike.

Der Wald, der uns früher an sonnigen Sommertagen als Spielzimmer gedient hatte, wirkte undurchdringlich. Die Äste hingen tief und beugten sich unter der frischen Schneelast. Noch immer folgten wir den Fußspuren.

»Pst«, stieß Sibel aus. Ein Geräusch ließ uns anhalten. Aber es war nur das Flattern eines aufgescheuchten Vogels.

»Wo könnte er mit ihm hin sein?«, überlegte Henrike.

Wind fegte über die Baumkronen hinweg und der Schneefall wurde stärker. Sibel konnte durch ihre Brille sicher kaum noch was sehen. Ich schwitzte plötzlich, am liebsten hätte ich meine Jacke ausgezogen. Hoffentlich war Arthur noch nicht erfroren. Dieser Mistkerl! Wenn er meinem kleinen Bruder etwas antun würde, dann ...

»Hey, seht mal«, ich deutete auf einen Holzstapel, der zwischen zwei Bäumen stand. Etwas Rotes schimmerte uns entgegen. Es war der Mantel des Weihnachtsmanns. Auf dem Boden lag das Kissen, das er daruntergesteckt hatte. Mit Häkelspitze. Wieso hatte er das ausgezogen?

»Weil er geschwitzt hat, vermutlich«, sagte Henrike. »vielleicht hat er sich so angestrengt ...«

»Als er Arthur verprügelt hat«, ergänzte ich und empfand die Idee, meine Jacke auszuziehen, völlig absurd. Gleich würde ich mit den Zähnen klappern.

»Los, weiter«, mahnte Sibel. »Lasst uns keine Schauermärchen ausmalen. Noch wissen wir nichts!«

Sie hatte ja recht! Trotzdem hätte ich jetzt gerne die Polizei gerufen. Aber hier, mitten im Wald, hatten wir keinen Handyempfang. Und zurück zum Haus zu laufen, würde zu lange dauern. Besser, wir beeilten uns, Arthur zu finden!

Wir schleppten uns weiter, suchten angestrengt. Die Spuren wurden dünner, frischer Schnee lag darüber. Die Flocken überzogen unsere Mützen und Gesichter, meine Füße waren eiskalt. »Arthur, Arthur«, wiederholte ich wie ein Mantra, ob laut oder nur für mich, wusste ich nicht. Es half mir, einen Rhythmus zu finden, in dem ich weiterlaufen konnte, trotz zittriger Beine.

Endlich kamen wir auf die Lichtung. Als wir in der ersten Klasse waren, hatten wir hier *Bambi* nachgespielt. Auch wenn inzwischen morsch und nicht mehr in Gebrauch, stand am Rand noch immer der Futtertrog für die Wildtiere. Jetzt trug sein grob gezimmertes Dach eine dicke weiße Mütze. Unmittelbar davor lag wieder etwas im Schnee. Es war seine Maske. Die freundlich lächelnde Maske des Ungeheuers. Als ob er sich im Wald nach und nach von allem befreien wollte – als ob er wieder der werden wollte, der er vorher gewesen war. Doch er würde nie mehr so sein wie zuvor. Und wir auch nicht.

»Shit!«, fluchte jetzt Henrike und sprintete auf den Futtertrog zu. Erst jetzt sah ich, dass in dem Trog etwas lag, etwas massig Dunkles. Ein Körper.

»Arthur«, schrie Henrike und klatschte meinem Bruder mit beiden Händen ins Gesicht, abwechselnd links und rechts.

»Arthur!« Schneller als Usain Bolt war ich bei ihr.

Da lag er!

Die Augen geschlossen, verkrustetes Blut unter der Nase, die Lippen bläulich verfärbt. Ich schob Henrike zur Seite, packte Arthur an den Schultern und schüttelte ihn.

»Vorsicht«, rief Henrike und hielt meine Hände fest.

»Lass mich mal«, sagte Mona und trat dicht an ihn heran. Dann zwickte sie ihn fest in das schmale Stückchen Haut zwischen den Nasenlöchern. »Ist eine superschmerzempfindliche Stelle«, erklärte sie. Arthur zuckte zusammen. Er riss die Augen auf, starrte gegen das brüchige Holzdach. Er schien nichts wahrzunehmen. Aber das war mir egal. Arthur lebte. Ich riss mir die Jacke vom Leib und legte sie um seinen Oberkörper. Sein T-Shirt war gefroren.

»Ich hol den Mantel«, sagte Sibel und rannte in die Richtung zurück, aus der wir gekommen waren. »Und das Kissen!« Warum hatten wir das Zeug nicht gleich mitgenommen? Ich versuchte, Arthur aufzurichten. Er hatte noch immer keinen Ton von sich gegeben.

»Lass ihn liegen«, wies Mona mich an. »Wenn er unterkühlt ist und aufsteht, kann sich das kalte Blut mit dem restlichen warmen Blut mischen. Und dann kann's zum Herztod kommen. Bergungstod sagt man dazu.« Ich sah sie fragend an.

»Mann, ich hab doch gerade den Erste-Hilfe-Kurs für die Führerscheinprüfung gemacht!« Ich hatte die besten Freundinnen der Welt. Ich konnte nur hoffen, dass sie nach alledem noch dasselbe von mir dachten.

Endlich kam Sibel mit dem Mantel zurück. So gut es ging, wickelten wir Arthur darin ein. Das Kissen schoben wir unter seinen Kopf.

»Wo ist Christian hin? Arthur, hörst du mich?« Ich wollte ihn kriegen. Ich wollte ihn haben. Er sollte nicht ungeschoren davonkommen. Dafür würde ich sorgen.

»Ihr bleibt hier!« Henrike hatte schon den nächsten Plan parat. »Mona und ich gehen zum Haus, alarmieren die Polizei und einen Notarzt. Um Christian soll sich die Bullerei kümmern.« Ich sah sie missbilligend an.

»Hey, kapierst du nicht?«, fauchte sie. »Das ist deren Job! Du bist doch nicht *Django Unchained*. Du siehst doch, was bei solchen Ideen rauskommt! Und du hast selbst gemerkt, zu was für einem Scheiß Christian fähig ist.«

Sie hatte recht. Aber trotzdem.

»Sally!« Sie war siebzehn und klang so bedrohlich wie unser Lateinlehrer, den fünfunddreißig Jahre Berufserfahrung zu einem Drei-Sterne-General gemacht hatten.

»Jaja«, gab ich klein bei. Sie hatte ja recht. Während Henrike und Mona schnell zwischen den Bäumen verschwanden, umarmte mich Sibel und schloss ihre Jacke um mich. Wir lehnten die Köpfe aneinander, versuchten, Arthur mit unseren Körpern vor dem Wind zu schützen. Mehr konnten wir im Moment nicht tun.

»Ich hab Angst«, flüsterte sie. Ich hielt sie ganz fest.

»Ich auch«, antwortete ich. »Nicht nur wegen Arthur. Und Christian.« Sie sah mich an.

»Ich hab Angst, dass ihr mich jetzt hasst.« Leise kamen die Worte hervor, so leise wie der Schnee, der immer noch auf die Äste rieselte.

»Quatsch«, sagte sie. »Bullshit!« Sie drückte ihre Wange gegen meine.

»Stink ich echt?«

»Ach Sibel«, ich hielt sie ganz fest. »Nein! Du riechst manchmal vielleicht ein bisschen nach Schweiß. Oder nach Mittagessen. Aber das ist doch nicht schlimm. Das tut doch jeder mal«

»Aber woher wusste er das?«

Ich zuckte mit den Schultern. »Vielleicht hat Nick gelästert. Und er stand daneben.«

»Hast du dich bei Nick über uns beklagt?«, kam sofort Sibels nächste Frage.

»Nur wenn ich mal total sauer auf irgendwen von euch war. Meckerst du nie über uns?«, versuchte ich, mich zu rechtfertigen.

Sibel schüttelte langsam den Kopf. Und begann zu lächeln.

»Never! Aber befrag bitte nicht meine Schwester dazu, okay?« Ich nickte und starrte auf den Schnee zwischen unseren Füßen.

»Er wird wieder«, sagte Sibel. Ich griff nach Arthurs Hand, die kälter als ein Eisblock war. Kälter als die Eiswürfel, die uns früher fast ins Guinness-Buch der Rekorde gebracht hätten. Wir wollten unbedingt rausfinden, wer mehr davon auf einmal in den Mund bekam. Arthur hatte einmal acht geschafft. Und wäre dabei beinahe erstickt.

»Nicht weinen«, sagte Sibel und strich mir die Tränen von der Wange. Mitten in der Bewegung hielt sie inne, horchte in die Dunkelheit. Ich spürte, wie sie zitterte. Dann sah sie mich wieder an.

»Nein, da war nichts.«

Doch. Arthur hatte sich bewegt. Er hatte sich die Decke vom Körper gerissen, die Jacke fortgestoßen, seine Augen waren weit aufgerissen und er stammelte kaum hörbar:

»So heiß, so heiß, so …« Seine Arme ruderten wie in Zeitlupe. Jede von uns hielt einen fest, drückte ihn zurück in sein Futtertrogbett. Wir deckten ihn wieder zu. Sein Blick irrte herum, konnte sich nirgendwo festhalten, wie eine Motte, die die Orientierung verloren hat.

Sofort spürte ich die Angst zurückkommen. Wo blieben nur Henrike, Mona und die Retter? Wenn es denn welche gab … Ohne weiter nachzudenken, kletterte ich zu Arthur in den Trog. Das alte Holz ächzte und stöhnte, aber es hielt. Ich legte mich neben ihn und nahm ihn in den Arm. Sibel legte ihre Jacke über uns. Dann hörte ich, wie sie zu laufen begann, rund um die Lichtung, Runde für Runde. Es war so kalt, dass die Tröpfchen meines Atems sich auf Arthurs Wange niederließen und dort festfroren.

Es waren die längsten zwanzig Minuten meines Lebens. Endlich erkannte ich in der Ferne Mona und Henrike und in ihrem Schlepptau zwei Sanitäter mit einer Trage und zwei Polizisten. Die Männer legten eine silberne Rettungsdecke auf Arthur und hoben ihn vorsichtig auf die Trage. Sie lobten uns, weil wir ihn nicht aufgerichtet hatten. Das Körperthermometer zeigte 31,9 Grad an. Die Phase, in der man nicht mehr reagiert, erklärte uns der Sanitäter. Wenn die Kälteidiotie einsetzt. Und der Unterkühlte denkt, es wäre warm, und er anfängt, sich die Kleider vom Leib zu reißen.

»Ich hab keine Ahnung, wie lang er hier lag. Aber er hatte kaum was an und außerdem ist er erkältet«, ergänzte ich schluchzend.

»Wir kriegen ihn wieder hin.« Sie trugen ihn vor uns her zum Rettungswagen, der auf unserem Hof geparkt hatte.

Dann ging alles ganz schnell: Mit Blaulicht und Martinshorn fuhr der Wagen davon und zerriss die nächtliche Stille des Dorfes.

Die Wärmflasche an meinen Füßen war fast zu heiß. Die am Bauch umso angenehmer. Und doch zitterte ich unter den dicken Decken am ganzen Körper. Neben dem Bett stand eine Thermoskanne Schlaftee. Doch müde wurde ich davon nicht. Der Tag wiederholte sich in grell beleuchteten Ausschnitten, ohne dass ich die Vorstellung stoppen konnte. Es war wie Blitzlichtgewitter. Ich konzentrierte mich auf die Geräusche aus dem Wohnzimmer, die sehr dumpf zu mir hochdrangen. Bis eben hatten die Polizisten mit meinen Eltern geredet, die eine gute halbe Stunde nach Arthurs Abtransport zu Hause angekommen waren. Nach einem Blick auf die Bescherung im Wohnzimmer fuhr meine Mutter gleich weiter ins Krankenhaus. Irgendwann simste sie, Arthur taue langsam auf. Er könne schon wieder lächeln. Sie würde noch ein Weilchen bei ihm bleiben.

In der Zwischenzeit versuchten wir, der Polizei zu erklären, was geschehen war. Vieles musste wirr klingen. Die Beamten baten uns, am nächsten Tag vorbeizukommen und eine Aussage zu machen. Irgendwann stand ein weiterer Polizist in der Tür. Er und zwanzig Kollegen hatten den Wald durchsucht – von Christian Ehrbacher gab es aber keine Spur. Zu Hause sei er auch nicht. Ein Unglück, eine Kurzschlussreaktion sei nicht auszuschließen.

Unten wurde es nun ruhig. Ich hörte meinen Vater mit der Badezimmertür klappern. Meine Mutter steckte den Kopf zu mir herein. Ich schloss schnell die Augen. Ich wollte nicht reden.

»Sally?«, Mama kam dennoch herein und setzte sich auf meine Bettkante. Sie sah müde aus.

»Wie geht es Arthur?«, fragte ich. Sie nickte.

»Wird. Ich konnte sogar mit ihm reden. Er hat sich wohl mit diesem Christian im Wald geprügelt. Anscheinend ist er bewusstlos geworden, und als er wieder zu sich kam, lag er in dem Futtertrog. Aber er war nicht mehr in der Lage, irgendetwas zu tun. Er ist immer wieder eingeschlafen. Was wohl typisch ist.«

»Der Arme«, sagte ich.

»Ich soll dir was von ihm ausrichten.« Ich richtete mich auf, schlang die Arme um meine Mutter. Wie früher. Sie strich mir die Haare aus der Stirn. Wie früher.

»Er sagt, es tue ihm leid. Er hat wohl Nicks Handy bei uns im Hausflur gefunden. Na ja, wie es dahin kam, erzählst du mir morgen, ja? Jedenfalls hat er den Film darauf gefunden und gedacht, er könne Nick bloßstellen, wenn er diesen Schund veröffentlicht. Er sagt, er hätte sich nicht vorstellen können, was das auslösen würde.«

»Woher hatte er mein Passwort?«

»Wollen Sie angemeldet bleiben? Ich glaube, es wird Zeit, dass wir einen zweiten Computer anschaffen.« Ich zwickte sie in die Taille, spürte ihr Lächeln.

»Ach, und noch was.«

»Hm?«

Sie fingerte mein Handy aus ihrer Hosentasche und legte es mir in den Schoß.

»Arthur sagt, er arbeitet deine Telefonrechnung für dich ab.«

»Wieso das denn?«

»Na, er hat öfter mit deinem Handy kostenlose Spiele runtergeladen. Dabei ist er wohl über eine Werbung in so eine blöde Spiele-Abofalle getappt, die mehr und mehr Kosten verursacht hat und bei der auch keine Prepaid-Karte hilft. Eine Sauerei ist so was!« Ich stöhnte. Dem würde ich mein Handy nicht mehr geben!

»Alles Weitere morgen, ja?« Sie stand auf. »Ich hoffe, dass sie Christian finden.« Ich zog sie noch einmal zu mir und küsste sie.

Kaum war die Schlafzimmertür meiner Eltern ins Schloss gefallen, schaltete ich mein Handy an. »Sie haben zwölf neue Nachrichten.« Mit zittrigen Fingern wählte ich die Nummer meiner Mailbox und schaltete den Lautsprecher an. Nicks Stimme drang in mein Zimmer. Laut, ungefiltert, aggressiv. Ich zog die Bettdecke bis zum Kinn. »Du, Schlampe, rück mein Handy raus«, schrie er. »Ich zeig dich an, das ist Diebstahl.« Dann: »Dir hat einer ins Hirn geschissen! Wie konntest du nur!« Oder: »Wenn du es mir nicht zurückgibst, mach ich dich richtig fertig. Die Scheiße ist nur der Anfang.« Manchmal rülpste er einfach. Oder machte Kotzgeräusche. Nach der siebten Nachricht schaltete ich ab. Das musste ich mir nicht antun.

Ich streckte mich aus, starrte an die schräge Decke über mir. Nie mehr würde ich schlafen können. Ich stellte mir vor, ich flöge mit einer Aufklärungsdrohne über unser Dorf. In jedes Haus könnte ich hineinschauen. Dunkle Zimmer, schlafende Menschen. Alles friedlich. Mein Vater schnarchte leise. Tara murmelte Unverständliches im Schlaf, die Vampirbarbie fest umklammert. Meine Mutter drehte sich von rechts nach links und zurück. Und schlief doch ein. Die Drohne flog weiter. Blickte ins Krankenhaus in der nächsten Kreisstadt.

Auch hier: Ruhe. Ein Infusionstropf half meinem Bruder zu überleben. Rot lief das Blut durch seinen Körper, kräftig pumpte das Herz.

Poch, poch. Poch, poch.

Ich fuhr hoch. Woher kam das Pochen? Garantiert war ich kurz davor durchzudrehen. *Poch, poch. Poch, poch.* Aber nein, ich bildete mir das nicht ein. Tropfte da Wasser auf die schrägen Dachfenster? Der Wind hatte sich verzogen, ich erkannte ein Fitzelchen Mond am Himmel. Es war eine sternklare Nacht. Langsam stand ich auf.

Poch, poch. Poch, poch.

Das Geräusch wurde lauter. Ein Marder in der Dachkammer nebenan, so wie letzten Sommer? Der sich ein Bett suchte zwischen den alten Koffern, dem kaputten Kasperltheater und der zerschlissenen Hängematte? Meine Füße waren noch immer kalt, als ich Schritt vor Schritt auf den Dielenboden setzte. Vorsichtig öffnete ich meine Tür. Aus Arthurs Zimmer, das direkt neben meinem lag, kam das Geräusch nicht. Der Gang war dunkel. Nur mit Mühe erkannte ich zu meiner Rechten die Tür, die zur Dachkammer führte.

Poch, poch. Poch, poch.

Eindeutig. Dort musste etwas sein. Wie kühl die Klinke war. Leicht ließ sie sich hinunterdrücken. Wie immer war nicht abgeschlossen. Die Tür knarrte kaum, als ich sie aufzog. Eiseskälte durchfuhr mich. Durch das offene Dachfenster strahlte der Mond. In seinem Licht tanzte Staub, glänzten Spinnweben.

Wieso war das alte, verzogene Fenster offen? Die Diele unter meinem Fuß wackelte, ächzte. Es raschelte. Ich lugte an dem Holzpfosten vorbei, der den Raum teilte. Eine dunkle Silhouette. Wie ein Berg aus Stoff. Der wankt. Der sich dreht. Zu mir dreht. Und krächzt.

»Sally.«

Ich möchte aufschreien, ich beiße in meine Finger, knie mich nieder, bis ich Boden fühle unter meinen Händen. Fest presse ich sie auf das Holz.

Die Silhouette kommt näher. Ich schlinge die Arme um meinen Kopf. Ich seh dich nicht, du siehst mich nicht. Ich rieche Schweiß, kalten Schweiß.

»Sally.« Ich warte auf einen Schlag. Einen Hieb. Einen Tritt.

»Hilf mir.«

Langsam nehme ich die Hände von meinem Kopf. Blicke zu ihm. Mit hängenden Schultern steht er vor mir. Auch er hat eine blutverkrustete Nase. Ein Auge ist zugeschwollen.

»Ich kann das nicht.«

In der Hand hält er einen Hammer. Vermutlich aus der alten Werkzeugkiste meines Großvaters. Sie steht neben ihm auf dem Boden. Ich weiche zurück.

»Nicht gehen. Ich tu dir nichts. Versprochen.« Er lässt den Hammer fallen. Es poltert unsäglich laut.

Pscht, will ich sagen. *Du weckst alle auf.* Doch das sage ich nicht. Obwohl ich es mir wünsche.

»Christian«, flüstere ich. »Was tust du hier?« Er zuckt mit den Schultern. Ich gehe einen Schritt auf ihn zu. Jetzt erkenne ich, was er getan hat. Er hat den verrosteten Riegel am Fenster in eine aufrechte Position geklopft. *Poch, poch, poch, poch.* Jetzt steht das Fenster offen. Hinter dem es hinausgeht, in die Tiefe, in den Himmel.

»Was … bist du … hast du …«, meine Worte vergaloppieren sich.

»Was soll ich denn tun?«, fragt er und klingt dabei wie ein kleines Kind, mutlos, bedürftig. »Ich kann nirgendwohin. Jetzt, wo mich alle hassen. Nachdem ich alles falsch gemacht habe. Was soll ich tun? Sag du es mir.«

»Sie haben dich verprügelt«, sage ich. »Gedemütigt.« Soll ich seine Hand nehmen?

»Ich bin ein arroganter Arsch. Ich bin ein Besserwisser, ein Klugscheißer. Ein Nichtsnutz.« Er dreht sich um, geht auf das Fenster zu, lehnt sich an die Brüstung.

»Christian«, schreie ich, stürze auf ihn zu und kralle mich an seinem Oberkörper fest. Und ich höre, wie er schluchzt.

»Nein, nicht.«

Er steht nur da. Sein Zittern überträgt sich auf mich. Keiner sagt ein Wort. Und dann fällt ein Lichtstrahl in den Raum. Mein Vater steht in der Tür, er kratzt sich am Kopf und sagt: »Was macht ihr da?« Ich fange an zu lachen. Ich lache und weine, bis mein Magen schmerzt, bis ich keine Luft mehr bekomme, keine Tränen mehr habe, bis meine Mutter mich an die Hand nimmt und fortzieht und auf mein Bett setzt.

Ich sitze dort so lange, bis ich die Türen knallen höre. Bis der Motor anspringt und das blaue Licht hektische Flecken auf meine Zimmerwand wirft. Bis der Wagen davonfährt. Und sie endlich beginnt. Die stille Nacht.

Nora Miedler

O Santissima

O du Fröhliche! Ha! Oh, du Beschissene, dachte ich, während ich die zappelnden Beine meines vierjährigen Bruders gegen den Sitz drückte, um zu verhindern, dass seine nassen Stiefel Abdrücke auf den anderen Businsassen hinterließen. Obwohl das ältere Pärchen uns gegenüber eher so wirkte, als wartete es sehnsüchtig auf einen Anlass, mit uns in Kontakt zu treten.

Als dieser Anlass sich nicht von alleine bot, ergriff der Mann selbst die Initiative. »Du bist ja ein ganz ein Tüchtiger«, sagte er, obwohl Flip nichts anderes tat, als an seinem Handschuh zu kauen. Die Frau wackelte begeistert mit dem Kopf, beugte sich nach vorne und tätschelte Flips Knie. Ich konnte mir gerade noch ein Augenrollen verkneifen und schaffte es sogar, den beiden zuzulächeln. Irgendwie schienen sie das von mir zu erwarten. Und machte die brave Giulia nicht immer, was man von ihr erwartete? Mist, verdammter!

Die Dame unterbrach ihr Tätscheln und fragte Flip mit brüchiger Stimme und in vertraulichem Ton: »Wie heißt du denn, junger Mann?«

»Filipo. Aber alle sagen Flip.«

»Und freust du dich denn schon aufs Christkind, Flip?«

Mein Bruder nickte entschieden.

»Und warst du denn auch braaav?«

Ich biss mir auf die Unterlippe, um nicht laut aufzustöhnen, Flip nickte wieder, jedoch nicht mehr ganz so entschieden.

»Dann wird das Christkind dir sicher etwas Schönes bringen, nicht wahr?« Wie vorauszusehen war, nahm die alte Dame jetzt mich ins Visier, und wie ebenfalls vorauszusehen war, verzogen sich meine Lippen augenblicklich zu einem bestätigenden Lächeln. Dabei wäre ich vor lauter unterdrückter Aggression am liebsten an die Busdecke gegangen. Die beiden alten Leutchen konnten gar nichts dafür. Mein kleiner Bruder hat nun mal diese Wirkung auf Erwachsene, Männer wie Frauen. Und eigentlich nicht nur auf Erwachsene, selbst meine Freundinnen bekommen regelrecht Muttergefühle, wenn sie in Flips große braune Knopfaugen schauen und er ihnen breit grinsend seine zwanzig Minizähnchen präsentiert. Und ja, auch ich erliege regelmäßig seinem Charme, vor allem wenn er seine typischen, in aller Unschuld vorgebrachten Fragen stellt, wie kürzlich die an unsere Mutter, wer denn nun älter sei – sie oder die sechzigjährige Leiterin des Kindergartens.

Wir mussten alle lachen, sogar meine Mutter. Flip kann nie etwas falsch machen, denn er ist der lang ersehnte Nachzügler, mit dem niemand mehr gerechnet hat. Ich war elf, als er auf die Welt kam. »Ein Geschenk des Himmels«, nennen ihn meine Großeltern mütterlicherseits. *»Un dono di Dio«*, nennen ihn die Eltern meines Vaters und »Quälgeist« nenne ich ihn. Normalerweise konnten wir uns am 24. Dezember gar nicht retten vor großelterlichen Babysittern. Die einen kamen extra aus Italien, die anderen aus dem Nebenbezirk und alle vier rissen sich nur so darum, Flip aus dem Haus zu locken, damit meine Eltern in Ruhe den Christbaum kaufen, aufstellen, schmücken und außerdem die zahlreichen Geschenke einpacken konnten. Doch mein Nonno hatte sich eine Woche zuvor das Bein gebrochen, meine Nonna wollte ihn nicht alleine lassen und deshalb war der Weihnachtsbesuch verschoben worden. Und meine anderen Großeltern, die aus dem Nebenbezirk, hatten – welcher Teufel sie bei dieser Entscheidung auch immer geritten hatte – beschlossen, die Weihnachtsfeiertage in diesem Jahr bei fünfundzwanzig Grad am Strand von Sharm el Sheikh zu verbringen. Sicher, das war ihr gutes Recht, aber es war nie die Rede davon gewesen, dass deshalb *ich* an Weihnachten den Babysitter spielen musste.

»Das ist doch logisch«, hatte meine Mutter mir heute Morgen erklärt, mit genau dem richtigen Maß an unterschwelliger Entrüstung in der Stimme, sodass ich mich einen Moment lang tatsächlich schuldig gefühlt hatte.

Logisch, wiederholte ich stumm und presste die Lippen zusammen. Wirklich logisch wäre gewesen, mich im Vorhinein über meine Aufgabe zu informieren. Dann hätte ich den ganzen Geschenkkram schon viel früher besorgt und müsste Flip nicht ausgerechnet am 24. Dezember ins Einkaufszentrum schleppen.

»Lula, wann sind wir daha?«

»Zwei Stationen noch.«

»Und was kaufst du da?«

Ich überlegte kurz, wie ich es am besten formulieren konnte, und sagte schließlich: »Sachen.«

»Was für Sachen?«

»Sachen eben.« Ich konnte Flip nicht sagen, dass es sich um Weihnachtsgeschenke handelte, denn die bringt bei uns das Christkind. Alle. Auch die für die Erwachsenen. Schon im letzten Jahr waren meine Bitten, Flip der Einfachheit halber zu erzählen, dass das Christkind nur den Kindern Geschenke bringt und dass die Erwachsenen sich gegenseitig Dinge kaufen, bei meinen Eltern auf taube Ohren gestoßen. Dabei hätte das die Situation für alle erleichtert. Mama könnte Flip mitnehmen, wenn sie Geschenke für unsere riesige Verwandtschaft besorgt, und ich müsste in der Adventszeit nicht ständig den Babysitter spielen. Aber nein, auf mich wurde ja nicht gehört und jetzt durfte ich mir überlegen, wie ich es schaffte, Geschenke für Mama und Papa zu kaufen, während Flip danebenstand, die Errungenschaften aber auf keinen Fall sehen durfte, weil sonst heute Abend der ganze Betrug aufflog. Denn Mama und Papa würden am Weihnachtsabend wie jedes Jahr glücklich unter dem Baum hocken und bei jedem Päckchen ausrufen: »Jö, was hat das Christkind mir denn da Schönes gebracht!« Das hatten sie sogar gemacht, bevor Flip auf der Welt war und ich schon längst nicht mehr an Christkind, Weihnachtsmann und Osterhasen glaubte.

Stella wartete wie verabredet neben der Drehtür. Als sie entdeckte, dass ich Flip dabeihatte, ließ sie sofort ihre Zigarette fallen und trat sie gekonnt aus. Falls sie enttäuscht war, dass ich in Begleitung kam, zeigte sie es jedenfalls nicht. Strahlend beugte sie sich zu Flip hinunter. »Da freu ich mich aber, dass uns ein Mann beim Einkaufen begleitet. Oh, du hast ja sogar Axel dabei!« Sie zeigte auf Flips einstmals weiße Plüschkatze, die er fest an sich presste – und ohne die er nirgendwohin ging.

»Axel will auch einkaufen«, behauptete er.

»Kann ich mir denken. Und, mein Süßer, freust du dich schon auf heute Abend?«, plauderte Stella weiter.

Der Süße nickte ausdrücklich. »Das Christkind kommt«, flüsterte er, als wäre das ein großes Geheimnis. Seine Augen leuchteten.

Ich warf Stella einen eindringlichen Blick zu. »Und damit Mama und Papa in Ruhe das Haus aufräumen können, bevor das Christkind kommt, um den Baum zu schmücken und die Geschenke zu bringen, gehen Flip und ich ein bisschen bummeln, damit wir nicht im Weg sind. Gell, Flip?«

»Jaaa.« Wieder starkes Kopfnicken.

»Und ich hab Flip gerade gesagt«, fuhr ich fort, »dass ich noch ein bisschen was besorgen muss. Paar Kleinigkeiten, nichts Besonderes.« Ich ließ Flip vorgehen und zischte Stella zu: »Du musst ihn ablenken, während ich die Geschenke für meine Eltern besorge. Und vergiss nicht, *alle Geschenke kommen vom Christkind.*«

»Als ob ich das nicht wüsste«, erwiderte Stella. »Diesmal wird das aber echt schwierig, er kriegt doch schon alles mit.«

»Am besten, wir gehen abwechselnd in die Geschäfte. Sodass eine von uns immer mit Flip draußen bleiben kann, ja?« Flehend blickte ich sie an.

»Klar doch.«

Wir fädelten uns in die Drehtür. Die Menschenmassen, die uns im Innern des Einkaufszentrums empfingen, raubten mir fast den Atem. Wortwörtlich. Die Luft war dick, schwer und stickig und ich war froh, dass meine Eitelkeit über die Vernunft gesiegt hatte und ich meinen – für diese Jahreszeit viel zu dünnen – knallbunten *Desigual*-Mantel angezogen hatte. Trotzdem zerrte ich sofort am Reißverschluss. »Flip, du kannst deine Jacke auch aufmachen.« Ich zog ihm die Mütze vom Kopf und steckte sie in meine Manteltasche.

»Ist das eklig hier«, beschwerte sich Stella, setzte aber gleich wieder ein strahlendes Lächeln auf. Im Gang vor uns hatte sie zwei bekannte Gesichter entdeckt. Auch ich kannte die beiden Jungs vom Sehen – sie waren zwei Klassen über uns –, doch nicht im Traum wäre mir eingefallen, mich derart bereitwillig von ihnen abschmusen zu lassen, wie Stella das tat. Auch wenn es nur ein Küsschen links, ein Küsschen rechts war, mich stellte schon jeder Händedruck mit einem Jungen vor eine Herausforderung. Stella verabschiedete sich von den beiden und zischte mir gleich darauf zu: »Wenn du nicht ständig so arrogant gucken würdest, würden die Jungs dich auch viel mehr beachten.«

»Pfff«, machte ich. Als ob das erstrebenswert wäre!

Stella hakte sich bei mir unter. »Ich weiß, ich weiß, du wurdest vor drei Jahren von einem Zwölfjährigen beleidigt und hast deshalb für immer der Männerwelt den Krieg erklärt. Also, wenn ich wegen jedem doofen Spruch irgendjemandem den Krieg erklären würde, dann hätte ich bald gar keine Freunde mehr.« Sie ließ mich los, um einem weiteren Bekannten um den Hals zu fallen.

»Luulaa«, raunzte Flip.

»Ich weiß«, sagte ich nur. Mich nervte das ganze Theater auch. Und es konnte stimmen, dass auch Stella schon beleidigt worden war, jedoch sicher nicht auf dieselbe Weise wie ich. Ich war zwölf, als mich ein völlig gehirnamputierter Minirambo aus der Parallelklasse, im Beisein all seiner Kumpels, lautstark gefragt hat, wie viele Stunden ich denn jeden Morgen vor dem Spiegel brauchte, um meinen Schnurrbart abzurasieren. Am liebsten hätte ich angefangen zu heulen, doch das tat ich nicht. Stattdessen knallte ich ihm eine, so überraschend für alle Beteiligten – auch für mich –, dass selbst seine minderbemittelten Freunde aufhörten zu lachen. Kurz: Der Fausthieb hatte mir in Sekundenschnelle mehr Respekt eingebracht, als ich mir mit Nettigkeit jemals hätte verschaffen können. Da ich mich ja schlecht ständig prügeln konnte, achtete ich darauf, mich gar nicht erst angreifbar zu machen. Die sogenannte Arroganz, die Stella mir unterstellte, half mir dabei ungemein.

»Es ist gleich halb zwölf«, murrte ich, als Stella schon wieder die Hand hob, um jemandem zuzuwinken.

»Ich war nicht diejenige, die zu spät gekommen ist«, erinnerte sie mich. »Wie lange hat das Einkaufszentrum heute geöffnet? Bis drei?«

»Bis zwei«, korrigierte ich. »Und danach müssen Flip und ich noch ein paar weitere Stunden totschlagen. Meine Mutter hat wortwörtlich gesagt, am besten wäre es, wenn wir erst im Dunkeln nach Hause kommen.«

»Kommt doch nachher mit zu mir«, schlug Stella vor.

»Gern«, erwiderte ich aus vollem Herzen.

Ich schob Flip auf die Rolltreppe und hielt seine beiden Hände fest, damit ihm gar nicht erst irgendetwas Gefährliches in den Sinn kam. Heute interessierte sich niemand für das Gebot, rechts zu stehen und links zu gehen. Die Leute drängten in jeden freien Zentimeter, vollbepackt und offensichtlich zu erschöpft zum Selbergehen.

»Hast du einen Wunschzettel ans Christkind geschrieben?«, erkundigte Stella sich bei Flip.

»Ich hab einen gezeichnet.«

»Und was hast du da so gezeichnet?«, wollte sie wissen.

Flip überlegte und zuckte schließlich mit den Schultern. »Hmm«, machte er leichthin.

»Ich glaub, es waren vier oder fünf Wünsche«, gab ich Auskunft. »Ein Lego-Boot, nicht wahr, Flip? Und neue Knetmasse –«

»Die alte klebt total«, rief er anklagend.

»Genau. Und eine neue Stoffkatze«, fuhr ich fort. »Denn er hat ja erst zwanzig verschiedene Stoffkatzen.« Ich drehte mich zu Stella um. »Die kriegt er von mir, die muss ich auch noch besorgen«, flüsterte ich.

»Ich denke, alle Geschenke bringt das Christkind«, gab Stella mit erstaunt aufgerissenen Augen zurück. Ich knuffte sie in die Seite. Wir kamen oben an und waren gleich in der nächsten Ansammlung von schwitzenden, ächzenden und grantigen Menschen gefangen.

»Und was schenkst du deinen Eltern?«, raunte sie mir zu.

»Irgendwas Billiges, ich hab gerade noch sechzig Euro übrig. Ich kaufe als Allererstes das Plüschtier und muss schauen, was danach überhaupt noch geht.«

»Ich hab auch kaum noch was übrig«, erklärte Stella, während sie irgendjemandem in der Menge zunickte. »Für meine Mutter hab ich ein Parfum gekauft. Für meine Schwester einen Taschenkalender, damit sie ihr Unileben vielleicht endlich auf die Reihe kriegt. Aber was kauf ich meinem Vater?«

»Krawatte«, schlug ich hilflos vor.

»Ach komm, nicht schon wieder. Die vom letzten Jahr hat er kein einziges Mal getragen. Obwohl sie ihm angeblich total gut gefallen hat. Er hat –«

»Wo ist Flip«, unterbrach ich Stella erschrocken, entdeckte aber im selben Moment seinen verschwitzten braunen Haarschopf. Erleichtert zog ich Flip zu mir und ging in die Hocke: »Heute sind massig Leute unterwegs. Du musst mir versprechen, dass du die ganze Zeit bei Stella und mir bleibst. Keine Extratouren, klar?«

»Ich muss aber aufs Klo.«

Ich verdrehte die Augen. »Das darf doch nicht wahr sein. Mama hat dir doch gesagt, dass du gehen sollst, bevor du dir die Jacke anziehst.«

»Ich war am Klo«, ereiferte er sich. »Da ist aber nichts rausgekommen, weil ich da noch gar nicht gemüssen hab.«

»Gemusst hab«, korrigierte ich automatisch. Jemand rempelte mich im Vorbeigehen an, ich hatte Mühe, das Gleichgewicht in der Hocke zu halten. »Hey!«, rief ich sauer.

»Komm, Flip.« Stella streckte die Hand aus, die mein kleiner Bruder sofort ergriff. »Ich muss auch aufs Klo. Und Giulia wird schon mal anfangen, die ersten Sachen zu besorgen.« Mit den Augen deutete sie nach rechts. In dem Gang lag das Spielzeuggeschäft.

»Aber du musst mit ihm reingehen, Stella«, sagte ich besorgt. »Nimm ihn mit auf die Damentoilette.«

»Dachtest du, ich setze ihn vorm Männerklo aus? Mach dir nicht immer so viele Sorgen, Giulia, beeil dich lieber!«

»Okay. Danke.« Im Wegrennen drehte ich mich noch einmal um und rief: »Flip, du hörst auf Stella, ja?«

Eine neue Stoffkatze für Flip zu finden, gestaltete sich alles andere als einfach. Eine Kopie von jedem auch nur annähernd katzenähnlichen Tier, das ich aus dem wandbreiten Plüschtierregal nahm, kugelte bereits bei uns zu Hause herum. Schwarze, graue, weiße, schwarz-weiße, grau-weiße, grau-schwarze, getigerte, getupfte, rote, rotweiß gestreifte. Große, kleine, sehr große, ganz kleine. »Verdammt«, flüsterte ich.

»Schon wieder gesund?«

Ich fuhr herum – und zuckte zurück, so sehr, dass ich

mit dem Rücken an das Plüschtierregal stieß. Hoffentlich interpretierte Herr Schralek-Ipschitz mein entsetztes Gesicht als Ausdruck des Schmerzes und nicht als das, was es wirklich war: Panik, weil der strengste Lehrer der Schule vor mir stand. Der Lehrer, bei dem ich gestern die Lateinarbeit geschwänzt hatte.

»Hallo, Herr Zischp… – äh, Schralek-Ipschitz«, murmelte ich stammelnd. Vor zwei Jahren hatte Herr Schralek eine gewisse Frau Ipschitz geheiratet, nichts ahnend von dem Knüller, der sich in dem darauf entstehenden Doppelnamen verbarg und seinen aufmerksamen Schülern nicht entging. Liest man den Namen rückwärts, erhält man Ztischpi-Kelarsch. Es bedurfte nur noch einer kleinen Änderung und der übelste Lehrer der Schule bekam blitzschnell den Namen Zischpickelarsch verpasst. Und es war bei Weitem nicht das erste Mal, dass mir die Anfangslaute seines Spitznamens in seinem Beisein rausgerutscht waren. »Nicht wirklich gesund«, haspelte ich hervor. »Immer noch fiebrig. Aber ich hab noch kein Weihnachtsgeschenk für meinen kleinen Bruder.« Ich deutete erklärend auf die Spielsachen. »Es ging also leider nicht anders, ich musste heute raus. Fieber hin oder her. Wenn ich nach Hause komme, lege ich mich gleich hin …« Kann hier mal bitte einer die Stopptaste drücken, dachte ich panisch, während mein Mund weiterplapperte, als hätte er den ganzen Morgen schon darauf gewartet, mich endlich so richtig schön in Verlegenheit zu bringen. Dabei wusste doch heutzutage jedes kleine Kind, dass man am besten log, indem man nur kurz Stellung bezog, das Notwendigste sagte und danach die Klappe hielt. »Mein Bruder ist übrigens hier«, quatschte ich weiter, als wäre der

Zischpickelarsch ein alter Kumpel von mir, »drum muss ich mich auch wirklich beeilen. Ich such nur noch schnell eine Plüschkatze aus und dann –«

»Dein Bruder«, hakte der Zischpickelarsch ein. »Er ist hier?«

Ich konnte die Grimasse, die ich schnitt, regelrecht auf meinem Gesicht spüren. Aber ich konnte mich einfach nicht zurückhalten. War ich gerade im falschen Film gelandet? Was wollte der Zischpickelarsch von meinem Bruder? Er musste ihn verwechseln. Verwechselte er am Ende sogar mich?

»Mein kleiner Bruder, ja, aber –«

»Wie alt ist er denn«, erkundigte sich Ipschitz-Schralek in exakt demselben bemühten Plauderton, den ich vorhin verwendetet hatte.

»Er ist vier.«

»Dann ist er doch bestimmt nicht alleine unterwegs. Ist eure Mutter da?« Wieder dieser betont beiläufige Ton.

»Stella ist hier. Sie passt gerade auf meinen Bruder auf.«

»Soso. Stella ist also auch hier.«

»Jaaa.« Ich dehnte das kurze Wort, sodass es plötzlich wie eine Frage klang. In meinem Kopf ratterte es. Hatte Stella gestern etwa auch geschwänzt? Aber das hätte sie mir doch gesagt, oder? Zwei Lateinarbeit schwänzende Schülerinnen, die man am Folgetag beim munteren Shopping erwischt, würden selbst einen aufgeschlosseneren Lehrer als den Zischpickelarsch misstrauisch machen.

Schralek-Ipschitz starrte mich immer noch an. Ich hatte das Gefühl, dass er mir irgendetwas sagen wollte, sich aber nicht – nicht was? Traute? Das war doch lächerlich.

Verlegen wandte ich mich ab. Da fiel mein Blick auf eine vierfärbige Katze ganz unten im Regal. Weiß, schwarz, rot und grau. Die hatte Flip noch nicht. Ich griff danach, murmelte: »Auf Wiedersehen, Herr Z... und schöne Weihnachten.«

Falls er den Gruß erwiderte, dann so leise, dass ich es nicht hörte. Doch während ich mich auf den Weg zur Kasse machte, spürte ich seinen bohrenden Blick in meinem Rücken. *»Mi dà fastidio. Stronzo«*, fluchte ich leise in meinen Mantelkragen.

Ich musste ewig an der Kasse warten, meine Gedanken kreisten unaufhaltsam um den Zischpickelarsch. Was war in seinem Kopf vorgegangen, als er mich so angestarrt hatte? Warum war er so stutzig geworden, als ich Flip erwähnt hatte? Was sollte die Frage nach meiner Mutter? Und was machte der Mann überhaupt in einem Spielzeuggeschäft? Hoffentlich hatte er keine Enkel, die er ständig piesackte. Man konnte doch keinem Kind zumuten, ihm öfter als drei Stunden pro Woche ausgeliefert zu sein. Selbst bei seinen Kollegen war Schralek-Ipschitz als streng verschrien. Er war der Lehrer mit der höchsten Durchfallquote und auch noch stolz darauf – zumindest hatte ich das gehört. Meine Mutter war seit drei Jahren Elternvertreterin und so bekam ich einige Insidergeschichten mit. In den letzten Wochen hatte sie viel über den Zischpickelarsch erzählt. Konnte es sein, dass er mich ab sofort noch stärker in die Mangel nahm, um sich dadurch an Mama zu rächen?

Ich verscheuchte den üblen Gedanken. Es waren Ferien, mit all dem unangenehmen Zeug wollte ich mich erst wieder in zwei Wochen beschäftigen. Als ich den Gang zurücklief, verfluchte ich mich selbst, keinen Treffpunkt mit Stella ausgemacht zu haben. Wohin man auch schaute, wimmelte es von herumhetzenden, zutiefst gestressten Menschen, die sich bewaffnet mit jeder Menge Einkaufstüten und einer ordentlichen Portion Ärger aneinander vorbeidrängten. Warum, um alles in der Welt, schaffen die Leute es nicht, ihre Einkäufe vor dem Vierundzwanzigsten zu erledigen?, fragte ich mich. Die haben doch alle einen hochgradigen Schuss, sich in letzter Sekunde so einem Stress auszusetzen. Den Gedanken, dass ich selbst genau den gleichen Schuss haben musste, schob ich gekonnt beiseite. Trotz aller Bemühungen der Innendekorateure war hier drinnen von weihnachtlicher Stimmung nicht viel zu spüren. Zwar bogen sich die Decken unter der Last der Weihnachtsbeleuchtung und die weißen Wände verschwanden förmlich hinter rotem und grünem Weihnachtsdekor, auch schallte ordnungsgemäß *Last Christmas* aus den Lautsprechern und ein verkleideter Weihnachtsmann las den herumhockenden Kindern eine Geschichte vor, doch all das Blinken und Glitzern konnte nicht darüber hinwegtäuschen, dass es an diesem Ort hier vor allem um eines ging: ums Einkaufen und Verkaufen. Für einen kurzen Augenblick dachte ich daran, wie Flip und ich gestern Nachmittag in seinem Zimmer gemeinsam einen Engel aus Tannenzapfen, Papier und Rosinen gebastelt hatten, den er heute Abend unter dem Weihnachtsbaum platzieren würde. So sollte Weihnachten sein, dachte ich und fragte mich im nächsten Moment zum wahrscheinlich hundertsten Mal, ob ich heute Abend wohl das neue iPhone unter dem Baum vorfinden würde.

Jemand drückte mich gegen einen mannshohen Plastikweihnachtsmann, dem irgendein Witzbold das Gesicht mit Filzstift geschminkt hatte. Oh, du Friedliche, dachte ich ironisch. Erste Schuldgefühle regten sich in mir, weil ich Flip an einem solchen Tag an einen solchen Ort mitgeschleift hatte. Ich nahm mir fest vor, die restlichen Einkäufe in Windeseile abzuwickeln und danach im Park einen Schneemann mit ihm zu bauen. Und in der Zeit, die wir bei Stella und ihrer Familie verbrachten, würde ich ihn nicht aus dem Zimmer schicken. Vielleicht konnten wir bei Stella ja sogar noch was basteln. Okay, das war jetzt etwas viel der guten Vorsätze, aber zumindest würde ich nett und geduldig sein und dafür sorgen, dass er einen angenehmen Nachmittag hatte. Außerdem würde sich Stellas Mutter sowieso um ihn kümmern, beruhigte ich mich, als ich die Stelle erreichte, an der wir uns vorhin getrennt hatten. Von Flip und Stella fehlte jede Spur. Dabei war es schon kurz nach zwölf, die beiden mussten längst zurück sein von der Toilette. In den nächsten fünf Minuten sah ich geschätzte dreißig Mal auf die Uhr und überlegte geschätzte fünfzig Mal, ob ich mich auf die Suche nach den beiden machen sollte, wobei ich den Gedanken genauso oft wieder verwarf. Kaum hätte ich mich auf den Weg gemacht, würden sie sicherlich zum Ausgangspunkt zurückkehren und wir uns nie mehr wiederfinden. Fünf Minuten waren vorbei und ich blickte zum einunddreißigsten Mal auf die Uhr – zehn nach zwölf. Bestimmt hatte Stella Flip in irgendein Geschäft mitgenommen. Hoffentlich ließ sie ihn nicht aus den Augen!

Mach dir nicht immer so viele Sorgen, Giulia, hatte Stella gesagt. Verdammt, ich machte mir aber Sorgen.

In dem Moment sah ich die beiden – und mir stockte unwillkürlich der Atem.

Neben ihnen auf der Rolltreppe, mit der sie gerade hinunter auf meine Etage fuhren, stand Nils. *»Santa merda«*, flüsterte ich – aus drei verschiedenen Gründen. Erstens, weil Nils der beste Freund von Fanta war, jenem bescheuerten Jungen, der mich vor drei Jahren so beleidigt hatte. Zweitens, weil ich mich maßlos über mich selbst ärgerte, nämlich darüber, dass mein Herz alleine bei seinem Anblick schon zu rasen begann – und dabei wollte ich garantiert *nichts* von Nils, ganz egal wie gut er aussah. Drittens zeigte Stella dermaßen enthusiastisch auf mich, dass Nils sich scheinbar verpflichtet fühlte, mir zuzuwinken, was bedeutete, dass ich vermutlich gleich gezwungen war, mit ihm zu reden. Und weil ich es absolut nicht gewohnt war, mit Jungs zu reden, würde ich sicher etwas absolut Dämliches sagen und danach wieder von der halben Schule verarscht werden. Sie kamen auf mich zu und ich schnalzte ärgerlich mit der Zunge, um gleich klarzustellen, dass ich über den plötzlichen Zuwachs nicht erfreut war. Stella warf mir einen strengen Blick zu, der wohl so viel heißen sollte wie »sei nicht schon wieder so arrogant«.

»Hi Nils«, grüßte ich also brav.

Seine Antwort bestand lediglich aus einem Zwinkern, etwas, das ich auf den Tod nicht ausstehen konnte. Wahrscheinlich wusste er nicht mal meinen Namen.

»Wir haben uns oben vor der Toilette getroffen«, erklärte Stella, während ich mir den Kopf darüber zerbrach, was ich möglichst Geistreiches zur Konversation beitragen konnte. Sag irgendwas Schlagfertiges, befahl ich mir, damit es nachher nicht heißt, dass du die größte Spaßbremse aller Zeiten bist.

»Aha. Vor der Toilette«, wiederholte ich – wirklich enorm geistreich und kaum an Schlagfertigkeit zu überbieten.

»Nils hat vorgeschlagen, ein kleines Pläuschchen bei einer Tasse Kaffee einzulegen«, sagte Stella, als wäre es das Natürlichste der Welt, gemeinsam einen Kaffee trinken zu gehen, obwohl man sich noch nie zuvor miteinander unterhalten hat.

»Luuula, ich will aber nach Hause«, quengelte Flip und drückte sich so heftig gegen meine Beine, dass ich fast umfiel. Scheiße, fuhr es mir durch den Kopf. Flip hatte ich völlig vergessen.

»Luuulaaa.«

Ich hasste diesen raunzigen Tonfall. Genervt versuchte ich, Flip abzuschütteln. Doch Nils schien meinen kleinen Bruder zu mögen. »Ich versteh dich, Kumpel. Vielleicht geht's dir nach einem Stück Kuchen besser, hmm?«

»Kuchen!« Flips Ausruf klang wie ein Kampfschrei.

»Du bist so süß«, schwärmte Stella, wuschelte meinem Bruder durch die Haare und küsste ihn auf die Wange. »Vorschlag«, sagte sie dann, an Nils und mich gewandt. »Hier gibt es doch auf jeder Ebene ein paar Cafés. Wir suchen uns ein nettes aus und wechseln uns mit den Einkäufen ab. Giulia, du gehst als Erste deine Sachen besorgen«, bestimmte sie. »Flip, Nils und ich warten solange bei Kaffee und Kuchen. Danach bin ich an der Reihe. Okay?«

Keiner widersprach, auch ich nicht, obwohl es in mir brodelte. Kaum war ein Junge dabei, musste Stella ihren Kommandoton anschlagen. Knutscht doch einfach und lasst mich in Ruhe, dachte ich grimmig, während ich Flip fester an die Hand nahm.

Es dauerte, bis wir einen Tisch in einem der zahlreichen Cafés ergattern konnten, und Flip maunzte die ganze Zeit. Doch als er endlich auf einem Stuhl saß, vor sich ein Glas

Apfelsaft und einen Teller mit einem riesigen Schokomuffin, war er glücklich.

»Bist du süüüüß!«, rief eine Kellnerin, die nicht für unseren Tisch zuständig war, sondern für die Nebentische. »Schmeckt der gut, der Muffin?«, erkundigte sie sich und nickte gleich darauf begeistert mit Flip um die Wette. Ich stand auf Nadeln, wollte endlich die lästigen Einkäufe hinter mir haben.

»Bist du denn ganz ohne deine Mama unterwegs?«, erkundigte sich die Kellnerin bei Flip, so als würde es uns drei anderen gar nicht geben.

»Gie Lula is da«, nuschelte er schmatzend.

»Er ist mein Bruder«, erklärte ich dem Rücken der Kellnerin.

»Oh, bist du süß!«, jetzt kniff sie Flip auch noch in die Wange. Ich verzog das Gesicht und war heilfroh, als sie sich endlich zum Gehen wandte: »Bevor du nach Hause gehst, kommst du noch mal zu mir. Dann bekommst du einen schönen bunten Lutscher, ja?«

»Ähm«, machte ich gedehnt, knapp davor auszuflippen. Ich kannte das schon, dass die Erwachsenen Flip immer was Süßes zustecken wollten, doch meistens fragten sie mich wenigstens vorher, ob das in Ordnung ging. Ich bemerkte, dass Stella und Nils sich einen belustigten Blick zuwarfen, und sagte laut zur Kellnerin: »Wenn Sie uns jetzt bitte entschuldigen würden.«

Doch da hatte sie sich sowieso schon auf den Weg zur Theke gemacht. Ich schärfte Flip noch einmal ein, auf gar keinen Fall alleine irgendwohin zu gehen, auch nicht mit der Kellnerin mit, dann rannte ich los.

Ich machte es mir einfach und kaufte meinen Eltern jeweils ein Parfum. Als ich die Drogerie verlassen hatte, besaß ich gerade noch zehn Euro. Eigentlich hatte ich vorgehabt, eine Kleinigkeit für Stella und meine beiden anderen Freundinnen zu kaufen, aber der Schokomuffin und der Apfelsaft für Flip kosteten sicher schon fünf Euro, blieb also nicht mehr viel übrig.

Ich weiß nicht, woher der Gedanke kam, vielleicht hat man ja ein Gespür für solche Dinge, plötzlich jedenfalls hatte ich das starke Gefühl, von oben beobachtet zu werden. Ich legte den Kopf in den Nacken und blickte hinauf zur Brüstung des zweiten Stocks. Es dauerte, bis ich ihn entdeckte, und in dem Moment, in dem meine Augen meinem Gehirn signalisierten, dass es der Zischpickelarsch war, der mich mit seinem stechenden Blick fixierte, war er auch schon wieder verschwunden. Ich zwinkerte ein paar Mal, glaubte schon, ich hätte eine Fata Morgana gesehen, doch da entdeckte ich ihn wieder. Zerstreut wie sonst nie lief er an den Aufzügen vorbei und rempelte die Leute um sich herum an. Was war nur mit dem los?

Ich schüttelte den Kopf und ließ mich von den Menschenmassen um mich herum auf die Rolltreppe schieben.

So schnell es ging, hetzte ich zum Café, wurde erst wenige Meter davor langsamer und versuchte, meinen Atem zu beruhigen. Doch die Ruhe war nicht von langer Dauer. Bevor Stella sich auf ihren Einkaufstrip machte, drückte sie mir zum Abschied Flip samt zehn schokoladenverklebter Finger in den Arm. Während ich meinen kleinen Bruder im Waschraum von oben bis unten abwusch, versuchte ich, mich auf die Begegnung mit Nils vorzubereiten. Was sollte ich ihm nur sagen? Einmal mehr beneidete ich Stella.

Sie weiß immer, was zu sagen ist. Vermutlich weil sie sich viel weniger Sorgen macht als ich. Sie beschäftigt die Vergangenheit genauso wenig wie die Zukunft. Sie lebt immer im Moment, was dazu führt, dass sie viel präsenter wirkt als die Menschen um sie herum. Wobei, gerade hatte sie irgendwie abwesend gewirkt, fast nachdenklich. Ob ihr Gespräch mit Nils auch nicht gut gelaufen war? Hektisch rubbelte ich an Flips Fingern herum. Ich spürte, wie ich noch nervöser wurde.

»Das ist nass«, klagte Flip. »Die Seife stinkt.«

»Ruhe jetzt!«, fuhr ich ihn an und merkte in dem Moment, wie sauer ich auf ihn war. Wenn sich nicht ständig alles um das Geschenk Gottes drehen würde, dann hätte Stella Nils nie vor der Toilette getroffen und ich wäre jetzt nicht in der misslichen Lage, ein Gespräch mit diesem zwinkernden Vollidioten führen zu müssen.

Genervt zerrte ich meinen strampelnden Bruder zum Tisch zurück, wo er sich auf seinen Apfelsaft stürzte, als hätte er einen Dreitagesmarsch durch die Wüste hinter sich. Nils nahm gerade das Handy vom Ohr und grinste mich an. Sofort war ich auf der Hut. Hatte er mit Fanta telefoniert? Und jetzt machten sich beide lustig über mich?

»Ein Freund?«, fragte ich, bemüht beiläufig. Warum hatte Stella mich nur alleine gelassen!

Nils nickte. »Ich hab ihm Bescheid gesagt, dass er sich ruhig noch ein bisschen Zeit lassen kann.« Er klang herausfordernd. Flirtete er mit mir? Blödsinn, Giulia! Wahrscheinlich vertraut er dir gleich an, dass er in Stella verliebt ist, und bittet dich um Tipps, um bei ihr zu landen.

»Schaust du alle Menschen so ernst an oder nur mich?«, fragte er plötzlich.

In dem Moment setzte das Geschenk Gottes sein Glas ab und rülpste lautstark. Ich spürte, wie ich rot wurde. Doch Nils lachte so unbefangen, dass ich auch grinsen musste.

»Du bist hübsch, wenn du lächelst.«

Schlagartig wurde ich wieder ernst.

»Nicht«, sagte Nils leise und griff nach meiner Hand.

Ich versteifte mich automatisch. Was, zum Teufel, machte er da? Hatte er eine Wette laufen? Wer an einem Tag die meisten Mädels abschleppen konnte? Da war er bei mir an der falschen Adresse. Ich wollte meine Hand zurückziehen und kapierte selbst nicht, warum ich es nicht tat. Vielleicht weil sich seine Finger so angenehm warm anfühlten. Er blickte mich unentwegt an und ich schaffte es, seinem Blick standzuhalten, indem ich mich möglichst sachlich auf seine Augen konzentrierte. Sie waren dunkel wie Zartbitterschokolade, umrahmt von langen gebogenen Wimpern. Auch Flip besitzt solche Klimperwimpern. Der Gedanke half mir, meinen Blick endlich von Nils abzuwenden, um nach rechts zu sehen, wo Flip saß. Wo Flip gesessen hatte.

Mein kleiner Bruder war verschwunden.

Ich drehte mich abrupt um, ließ meinen Blick durch den Raum schweifen, erst von rechts nach links, dann von links nach rechts. Als ich zu einem dritten Durchgang ansetzte, stieg Panik in mir auf. Überall wimmelte es von Menschen. Auch hier im Café, doch Flip schien nicht darunter zu sein.

»Er war doch gerade noch hier«, hörte ich Nils sagen und registrierte dankbar eine leichte Sorge in seiner Stimme. Jemanden, der das Verschwinden meines vierjährigen

Bruders auf die leichte Schulter nahm, hätte ich jetzt nämlich gar nicht gebraucht.

Obwohl ich tief im Innern ganz sicher war, jeden Moment Flips braunen Haarschopf zu sehen, obwohl ich einfach wusste, dass er gleich wieder gesund und munter auftauchen und mir auf die Nerven gehen würde, schoss ich vom Stuhl hoch, rannte zu den Toiletten und suchte jede kleinste Ecke ab. Nichts. Ich lief zurück und hoffte inständig, Flip mit Nils am Tisch sitzen zu sehen. Doch Nils stand alleine da. Ich begann, den Boden unter den Tischen abzusuchen.

»Ich seh schnell draußen nach«, rief Nils mir zu.

»Die Herrschaften müssen noch zahlen!«

Ich richtete mich auf. Vor mir stand die Kellnerin, die unsere Bestellung aufgenommen hatte. Von der anderen, die so viel Begeisterung für Flip gezeigt hatte, war keine Spur zu sehen. Ich schrie unserer Kellnerin meine Frage regelrecht ins Gesicht. »Haben Sie meinen kleinen Bruder gesehen?« Automatisch deutete ich mit der Hand seine Größe an.

Sie schüttelte genervt den Kopf. »Ich hab nur den Großen, der gerade rausgerannt ist, gesehen.« Sie griff nach der Rechnung, die auf unserem Tisch lag. »Das macht zusammen siebzehn Euro vierzig.«

»Ich – bitte … mein kleiner Bruder ist weg. Ihre Kollegin hat vorhin mit ihm gesprochen. Wo ist sie denn?« Plötzlich wurde mir alles klar und die Panik verschwand so schnell, wie sie gekommen war. Stattdessen spürte ich Zorn in mir aufsteigen. Bestimmt hatte die Kellnerin von vorhin Flip zu sich gewunken und war mit ihm in irgendeinem Personalraum verschwunden, wo sie ihn jetzt mit Süßigkeiten vollstopfte. Und daran, dass seine große Schwester sich vor Angst in die Hose machte, dachte diese Pute gar nicht. »Wo ist Ihre Kollegin?«, herrschte ich noch einmal die Frau vor mir an.

»Die macht Rauchpause. Das wird doch wohl noch erlaubt sein.«

»Bringen Sie mich bitte zu ihr. Mein kleiner Bruder ist bestimmt dort.« Ich bemühte mich um einen ruhigeren Tonfall, schließlich konnte die Frau, die vor mir stand, nichts für den Schlamassel.

»Die Gabi nimmt doch kein Kind in den Raucherraum mit.«

»Bringen Sie mich sofort zu ihr!«

In dem Moment kam Nils zurück. »Und?«, fragte er und sah von mir zur Kellnerin.

»Draußen ist er also nicht?«, stellte ich die überflüssige Gegenfrage.

»Das macht siebzehn vierzig!«

Nils überhörte den Einwurf der Kellnerin und erklärte: »Ich hab den ganzen Stock abgesucht und bin mit der Rolltreppe nach oben gefahren. Auch nichts. Und dass er runtergefahren ist, glaub ich nicht. Die Rolltreppe nach unten ist zu weit entfernt, als dass er in der kurzen Zeit dorthin gekommen wäre – da hätte ich ihn noch sehen müssen.«

Die Kellnerin schnaubte ungeduldig. »Am Infostand können Sie einen Aufruf durchgeben lassen. Das kommt praktisch jeden Tag vor, dass Kinder sich hier verlaufen. Siebzehn Euro vierzig bekomme ich noch.«

»Ihre Kollegin –«, setzte ich erneut an, doch im selben Moment sah ich sie schon hinter der Theke vorkommen.

»Wo ist mein Bruder?«, rief ich und rannte ihr entgegen. Als ich ihren verwunderten Gesichtsausdruck sah, zog mein Herz sich krampfhaft zusammen. Sie musste mir nicht mit Worten antworten, ich hatte auch so verstanden. Sie hatte keine Ahnung, wo Flip war.

»Giulia, wir finden ihn«, versuchte gleich darauf Stella, mich zu beruhigen. Nils hatte sie von meinem Handy aus angerufen und sie war sofort zurück in den ersten Stock geeilt.

Ich nickte, krampfhaft bemüht, die Tränen zurückzuhalten. Wenn ich jetzt zu heulen begann, würde das die Suche nach Flip nur unnötig aufhalten. Und es war sowieso schon viel zu viel Zeit vergangen. »Oh Gott«, flüsterte ich.

»Ich renne mal los zum Infostand und lasse ihn ausrufen.« Nils klang hilflos und schien froh, eine Aufgabe für sich gefunden zu haben.

»Und wir suchen noch einmal Stockwerk für Stockwerk ab. Wir klappern alle Geschäfte ab. Wir finden ihn, Giulia«, versprach Stella erneut. »Beginn du oben, ich fahre runter. Dann treffen wir uns in der Mitte.«

Ich nickte. Diesmal war ich einfach nur froh, dass Stella das Kommando übernahm. Ohne mich noch einmal umzusehen, rannte ich los.

Wo bist du? Wo bist du? Wo bist du? – In meinem Kopf hämmerte es. Am liebsten hätte ich die Frage laut herausgebrüllt. Stattdessen begann ich, nach Flip zu rufen. Ich rannte, so schnell es das Gedränge zuließ, und erwartete ständig, dass die Menschenmassen um mich herum mich und meine Furcht wahrnahmen würden, dass sie auf mich aufmerksam wurden, mir *halfen*. Doch an einem Tag wie diesem hatte man in einem Einkaufszentrum was anderes zu tun, als sich um ein fünfzehnjähriges Mädchen zu kümmern, das verzweifelt nach ihrem vermissten Bruder ruft.

Wenn mein Kopf nur nicht begonnen hätte, diese schrecklichen Bilder abzuspielen. Ich verfluchte meine Leidenschaft für Psychothriller und vor allem mein Faible für diese ganzen bescheuerten Fernsehserien. Wie oft hatte ich auf dem Sofa gesessen, sensationslüstern nach vorne gebeugt, und gebetet, dass das *Criminal Minds* Team das entführte Kind noch rechtzeitig fand. Wohlig eingekuschelt in eine Decke, den Mund voller Chips, dankbar für die Gewissheit, dass mein kleiner Bruder sicher in seinem Bett schlief und ich selbst ja sowieso unverwundbar war. War es nicht so? Die schlimmen Dinge passierten doch immer nur anderen Leuten. Leuten, die man höchstens über sieben Ecken kannte oder von denen man im besten Fall überhaupt nur in der Zeitung las. Leuten, die weit weg wohnten, in gefährlicheren Gegenden. Leuten, die nicht gut genug auf sich oder ihre Schutzbefohlenen aufpassten. Irgendwelchen oberflächlichen Teenagergören, die sich von einem Typen anflirten ließen, statt auf ihren vertrauensseligen kleinen Bruder aufzupassen.

In diesem Moment wurde Chris Reas *Driving Home for Christmas* unterbrochen und eine männliche Stimme schallte aus den Lautsprechern: »Ein vierjähriger Junge wird gesucht. Er hört auf den Namen Flip.« Kurze Unterbrechung, dann: »Falls Sie einen vierjährigen Jungen sehen, der alleine unterwegs ist, bringen Sie ihn bitte zum Infostand im ersten Stock.«

Ich biss mir auf die Faust, um nicht laut herauszuschluchzen, war mir sicher, dass sämtliche Leute erkennen mussten, wie verzweifelt ich war, doch niemand sprach mich an oder warf mir auch nur einen Blick zu.

Mit rasendem Herzschlag war ich die Treppen bis in den dritten Stock hinaufgerannt. Im Uhrzeigersinn hatte ich alle Geschäfte abgeklappert, ständig mit mir ringend, mein Handy zu zücken und meine Eltern anzurufen. Oder besser noch die Polizei. Ich konnte mir noch so sehr einreden, dass ich es nicht tat, weil ich es für eine Überreaktion hielt und meine Eltern nicht völlig umsonst in Panik versetzen wollte – weil Flip doch sowieso jeden Moment wieder auftauchen würde. In Wahrheit wusste ich natürlich, dass der einzige Grund für mein Zögern meine Angst vor den Konsequenzen war. Denn sobald ich jemand informierte, würde ich Probleme bekommen, ganz gleich, ob Flip zehn Sekunden später wieder auftauchte.

Nachdem ich auch den zweiten Stock erfolglos abgesucht hatte, eilte ich verzweifelt zurück zum Infostand. Der Blick auf die Uhr verriet mir, dass mein Bruder bereits seit fünfzehn Minuten verschwunden war. Es half nichts, ich musste die Polizei einschalten. Verdammt, ich hätte es gleich machen müssen!

Als ich die Rolltreppe verließ, blieb mein Blick an etwas hängen, das einsam auf dem Boden lag. Ein Mann trat gerade darauf. »Passen Sie doch auf!«, schrie ich ihn an.

»Dämliche Tussi«, kam die Retourkutsche.

Ich kümmerte mich nicht weiter darum, griff nur mit wild klopfendem Herzen nach dem kleinen Gegenstand und hielt die Luft an, als ich ihn aus der Nähe sah. Es war Flips Stoffkatze Axel, platt getreten, schmutzig – und blutverschmiert.

Ich stieß einen erstickten Schrei aus und stolperte, ohne irgendetwas um mich herum wahrzunehmen, in Richtung Infostand.

»Giulia, was ist das?«

Von weit her drang Nils' Stimme zu mir. Ich fühlte mich unfähig, eine Antwort zu geben. Das musste ich auch nicht. Sein schockierter Gesichtsausdruck, als er die Katze sah, sagte alles: Er befürchtete dasselbe wie ich. »Das kann doch nicht – das kann einfach nicht sein ... verdammte Scheiße ...« Nils' Stimme wurde immer leiser, während die Panik hinter seinen Worten deutlich anschwoll. Dass er dasselbe dachte wie ich, ließ meinen Mut endgültig ins Bodenlose sinken. »Stella muss für mich bei der Polizei anrufen«, sagte ich tonlos. Mit zittrigen Fingern zog Nils sein Handy aus der Hosentasche, drückte wild darauf herum und wartete dann mit angehaltenem Atem. »Shit, besetzt!«, fluchte er und trat impulsiv gegen den Informationsstand. »Scheiße, Mann!«

»Hey, immer mit der Ruhe«, der Typ hinter dem Stand war schlaksig und wirkte nicht viel älter als wir. Auf seinem T-Shirt und seiner Kappe prangte das Logo des Einkaufszentrums, sein Kinn zierte das kümmerlichste Ziegenbärtchen, das ich je gesehen hatte. »Das Gratis-Erdbeergelee ist nicht zu empfehlen. Färbt nicht nur ab, schmeckt auch widerlich«, sagte er und deutete auf die Katze in meiner Hand.

Nils und ich starrten erst ihn, dann Axel an. Gleichzeitig begannen wir, an der Katze zu schnuppern. »Scheiße, Mann!«, fluchte Nils erneut, diesmal jedoch mit deutlicher Erleichterung in der Stimme. Auch ich hatte das Gefühl, dass ich mich nach zwei quälenden Minuten, in denen Flips

Schicksal schon besiegelt schien, zum ersten Mal traute, wieder Luft zu holen. »Aber wo ist er?«, beharrte ich.

»Ich renn noch mal los, ihn suchen!«, rief Nils und sprintete Richtung Rolltreppe.

»Aber wir müssen die Polizei ...!«, rief ich ihm noch nach, doch da war er schon auf der ersten Stufe, von wo er sich behände seinen Weg nach unten boxte.

»Sollen wir den Kleinen vielleicht noch mal ausrufen?«, erkundigte sich Ziegenbart in munterem Tonfall.

Ich schüttelte den Kopf, nickte dann und stieß plötzlich hervor: »Wo genau wird das Gelee gratis verteilt?«

»Im ganzen Center«, gab Ziegenbart Auskunft. »Weihnachtsaktion. Was auch immer Erdbeergelee mit Weihnachten zu tun hat.« Er steckte sich einen Streifen Kaugummi in den Mund und begann, darauf herumzuknatschen.

»Giulia!« Stella kam keuchend angerannt. Noch bevor ich die Chance hatte, etwas zu sagen, riss sie mir schon Axel aus der Hand und steckte die Nase in sein verschmiertes Fell. »Das ist wirklich nur Gelee«, flüsterte sie dann, sah dabei aber fast noch panischer aus als ich.

»Hat Nils dich erreicht?«

Sie nickte abgehetzt. »Ich hab Flip überall gesucht. Giulia ...« Sie brach ab und begann zu schluchzen. »Oh Giulia, es tut mir so leid, es tut mir so leid.«

Für einen Moment hatte ich das Gefühl, mein Herzschlag würde aussetzen. »Was ist denn los? Weißt du irgendwas?« Eine neuerliche Welle der Panik überrollte mich. »Hast du Flip etwa gefunden?«, herrschte ich Stella an und schüttelte sie kräftig dabei. »Ist ihm – ist ihm ...?« Ich konnte es einfach nicht aussprechen.

»Nein. Nein.«

»Sicher nicht?«, fragte ich erneut.

Aus tränenverschleierten Augen sah sie mich an. »Ich würde dir doch sagen, wenn ich ihn gefunden hätte!«

»Für was entschuldigst du dich dann?«

Zitternd rang sie nach Atem. »Weil alles meine Schuld ist. Wenn ich nicht vorgeschlagen hätte, dass wir ins Café gehen – wenn ich euch nicht mit Nils allein gelassen hätte ...«

»Wieso? Was hat Nils damit zu tun?« Sofort spürte ich, wie mein Misstrauen gegen ihn wieder wuchs.

»Nichts! Aber du warst abgelenkt durch ihn.«

»Also war es alles meine Schuld«, stellte ich fest.

»Nein!«

»Doch.« Ich biss mir auf die Lippen. »Natürlich war es meine Schuld.« Mit fahrigen Bewegungen holte ich mein Handy hervor. »Ich ruf jetzt die Polizei an.«

»Warte!«, rief Stella. »Nur einen Moment. Weißt du, an was ich die ganze Zeit denken muss? Vorhin im Café, als du shoppen warst, da stand plötzlich der Zischpickelarsch da und hat uns ganz komische Fragen gestellt.«

»Euch also auch!«

»Er hat Flip gefragt, ob er abgeholt wird oder ob er zusammen mit seiner Schwester nach Hause geht.«

Schon wieder, schoss es mir durch den Kopf. »So was Ähnliches hat er mich auch gefragt«, überlegte ich laut. »Glaubst du, der Zischpickelarsch hat Flip entführt?«

Ich bekam nicht wirklich mit, was Stella antwortete. In meinem Kopf wurde sofort eine dramatische Szene lebendig: Schralek-Ipschitz forderte meine Mutter heraus, jegliche Beschwerden gegen ihn fallen zu lassen im Austausch gegen ihren vierjährigen Sohn.

Aber wegen so etwas wurde man doch nicht zum Entführer? Doch waren nicht schon Leute wegen ein paar Euro zu Mördern geworden? Vielleicht waren beim Zischpickelarsch ja sämtliche Sicherungen durchgebrannt.

Doch die Einzige, bei der alle Sicherungen durchbrannten, und zwar schon im nächsten Moment, war ich.

Wie in Trance beobachtete ich, wie dem Ziegenbart eine Kaugummiblase aus dem Mund wuchs, und merkte, dass ich darauf wartete, sie laut platzen zu hören. Die Vorstellung, die Polizei einzuschalten und danach zum Nichtstun verbannt zu sein, die Vorstellung, *warten* zu müssen auf den unvermeidbaren Knall – diese Vorstellung war so entsetzlich, dass ich das Gefühl hatte, schreien zu müssen. Und als die Kaugummiblase von Ziegenbart nicht laut platzte, sondern nur langsam und träge in sich zusammenfiel, gab mir das den Rest. Was, wenn ihre Suche nach Flip genauso in sich zusammenfallen würde, wenn sie erfolglos bliebe und wenn dieses furchtbare Warten nie ein Ende hätte? Ich stieß den Ziegenbart so heftig zur Seite, dass er das Gleichgewicht verlor, dann packte ich mit beiden Händen das Tischmikrofon, drückte den Knopf auf der Schaltfläche, der mit einem Lautsprecher gekennzeichnet war, und brüllte: »Flip! Flip! Ich will dir nur sagen, dass ich alles tun werde, um dich zu finden! Ich versprech es dir, ich …«

»Hast du sie noch alle!« Ziegenbart wollte mir das Mikro wegschnappen, aber ich war schneller – er griff ins Leere.

»Giulia!« Stella starrte mich entgeistert aus ihren aufgerissenen Augen an.

»Du bist das Wichtigste auf der Welt für mich, Flip!«, brüllte ich als Nächstes, wobei dieser Satz vor allem für den Entführer gedacht war. Etliche Male hatte ich im Fernsehen gehört, wie wichtig es bei Entführungen ist, dem Täter klarzumachen, dass das Opfer geliebt und vermisst wird. In dem Moment schaffte es Ziegenbart, mir das Mikrofon zu entreißen. Hilflos ballte ich die Fäuste.

»Giulia.« Stella klang immer noch vollkommen fassungslos. Jetzt erst bemerkte ich, dass der stete Strom von vorübereilenden Menschen zum Stillstand gekommen war. Zahlreiche Augenpaare starrten mich an. Doch nicht nur die Leute in der Nähe des Infostandes legten eine Pause ein, das gesamte Einkaufszentrum schien für einen Moment innezuhalten. Einzig ein nervöser Anzugträger, den Griff eisern um die eigene Krawatte gelegt, als wollte er sich daran festhalten, drängte sich durch die schweigende Menge, bis er vor uns stand. Mit zornrotem Gesicht herrschte er mich und Ziegenbart an: »Was ist da los? Soll das witzig sein? Es ist Weihnachten, verdammt!« Wie auf Kommando ertönten die ersten Klänge von John Lennons *Happy Christmas* aus den Lautsprechern. *And what have you done* dröhnte es in meinen Ohren und hallte noch viel lauter und eindringlicher in meinem Inneren wider. Verzweifelt schloss ich die Augen.

»Lula!«

Ich zuckte zusammen, für einen kurzen Augenblick keimte Hoffnung in mir. Doch umso schmerzhafter war die Erkenntnis, dass ich höchstwahrscheinlich einfach unter Halluzinationen litt.

»Luulaa!«

»Flip!«, hörte ich Stella rufen und riss die Augen auf.

Fassungslos fuhr ich herum. Nils kam auf uns zugehetzt, ein stolzes Grinsen im Gesicht. Auf seinem Arm trug er Flip.

Ich flüsterte permanent seinen Namen, als ich ihn Nils abnahm und mich vergewisserte, dass er unversehrt war, dass die dunklen Flecken um seinen Mund nur Erdbeergelee und Schokoreste vom Muffin waren. Oh Gott, dieses süße, kleine Gesicht. Ich drückte Flip an mich und konnte mein Glück kaum fassen. Er war wieder da. Er sah weder traumatisiert noch verletzt aus, er wirkte wie immer, als er mir den komplett verdreckten Axel abnahm und ihn besitzergreifend an seinen Hals drückte.

»Soll das witzig sein?«, wollte Anzugträger noch einmal wissen, klang diesmal aber reichlich verwirrt dabei. Vereinzeltes Klatschen erklang und ich hörte, wie zwei Frauen mit von Tränen gerührten Stimmen die Szene kommentierten.

»Hast *du* so laut geredet, Lula? Ich hab dich gehört.« Flip kicherte.

»Wo warst du denn?«, fragte ich mit zittriger Stimme. »Hat dir irgendjemand was getan? Wo hast du ihn gefunden?« Meine letzte Frage richtete ich an Nils. Ich strahlte ihn an und musste mich fast daran hindern, ihm um den Hals zu fallen und ihn vor lauter Dankbarkeit abzuküssen.

»Wo hast du ihn gefunden?«, wiederholte Stella meine Frage. Bevor Nils antworten konnte, rief Flip anklagend: »Ich wollte eh schon vorher zu dir zurück, Lula.«

»Hat dich jemand – festgehalten?«

Flip zog unbeeindruckt die Nase hoch und erklärte: »Er hat gesagt, wir machen einen Scherz und dass du lachen wirst.« Er betrachtete eingehend mein Gesicht, anscheinend wartete er darauf, dass ich endlich zu lachen anfing.

»Sehr lustig«, kommentierte Anzugträger und knöpfte sich dann seinen jungen Angestellten vor. »Was fällt Ihnen überhaupt ein?«, hörte ich ihn keifen, während ich mich rasch mit Flip auf dem Arm verdrückte. Ich würde mich bei Ziegenbart entschuldigen. Später. Jetzt gab es Wichtigeres. Ungeduldig wartete ich darauf, dass Stella und Nils mir nachkamen, doch die beiden waren auf halbem Weg zu uns stehen geblieben.

Ich setzte Flip in einer Ecke ab und ging in die Knie. »Flip, du hast einen Muffin gegessen und Saft getrunken. Nils und ich haben neben dir gesessen. Und dann bist du aufgestanden und weggegangen.«

Er nickte ernsthaft.

»Mit wem bist du weggegangen?«

»Ich hab Stella helfen müssen, ein Geschenk für dich auszusuchen. Dabei bringt die Geschenke doch das Christ…«

»Was?« Fassungslos wiederholte ich: »Du hast Stella helfen müssen, darum bist du vom Tisch weggegangen?«

Wieder nickte er. »Mhm.«

Die plötzliche Erkenntnis traf mich mit einer Wucht, die schmerzhaft war wie ein Fausthieb zwischen die Rippen. Natürlich. Mir hätte gleich klar sein müssen, dass Flip mit niemand Fremdem mitgehen würde.

Aber warum? Mein Blick fiel auf meine Freundin und den Schulschwarm Nummer eins. Statt zu mir zu eilen und mit mir das weitere Vorgehen zu besprechen, unterhielten sie sich immer noch angeregt miteinander. Erneut überkam mich eine Erkenntnis: Stella war in Nils verliebt. Bestimmt hatte sie beobachtet, wie er nach meiner Hand gegriffen hatte, bestimmt hatte sie beschlossen, mich fertigzumachen. Denn welcher Junge würde ein Mädchen wollen, das er schon mal in voller Hysterie erlebt hatte! Es war zum Heulen. Als ob ich jemals eine ernsthafte Konkurrenz für Stella darstellen könnte. Sie war bei Weitem die Hübschere und Beliebtere von uns beiden. Nils hatte doch nicht Händchen gehalten, weil er was von mir wollte, sondern weil – ja, warum eigentlich? Flip sah mich mit großen Augen an. Offenbar verstand er genauso wenig wie ich, was da vor sich ging. Ich drückte meinen kleinen Bruder noch einmal an mich. Nie wieder würde ich zulassen, dass er zum Spielball wurde. Und so wütend ich auch auf Stella war, ich durfte vor Flips Augen keine Szene veranstalten, er hatte heute schon genug durchgemacht. Während ich ihn so fest an mich drückte, dass er zu protestieren begann, kam ich zu dem Schluss, dass Stella einen Komplizen gehabt haben musste, irgendjemand, der bei Flip blieb, während sie mit mir und Nils unterwegs war.

»Flip, war außer Stella jemand bei dir?«

Er sah mich groß an, als verstünde er nicht, und ich wollte die Frage schon anders formulieren, doch da schüttelte er den Kopf.

»Du warst also mit Stella allein.«

»Da war nur Cola«, erklärte er plötzlich und ich hatte – wie des Öfteren – Mühe, seinen Gedankensprüngen zu folgen.

»Cola? Hast du was getrunken?«

Wieder schüttelte er den Kopf. »Ich hab gar nichts zum Trinken gekriegt.«

»Cola ist sowieso nichts für dich.« Ich überlegte. Vorhin hatte Flip von einem Er gesprochen. *Er hat gesagt, wir machen einen Scherz und dass du lachen wirst.*

Ich spürte eine Berührung an der Schulter und fuhr herum. Hinter mir standen Stella und Nils.»Kannst du mir jetzt bitte endlich erklären, wo du Flip gefunden hast!«, herrschte ich Nils viel schroffer an, als ich es vorgehabt hatte. Er erschrak so heftig, dass er regelrecht zusammenzuckte. »Im Erdgeschoss auf der Treppe vom Notausgang«, erklärte er dann. »Giulia, was ist denn?«

»Das kann mir vielleicht Stella sagen«, knurrte ich. Wider alle Vorsätze fing ich nun doch an, Stress zu machen. Vor den Augen und Ohren meines Bruders. »Komm kurz mit«, befahl ich deswegen Stella. »Du passt doch gut auf Flip auf, ja?«, versicherte ich mich bei Nils. »Dauert auch nicht lang.«

»Kein Problem.« Nils hob abwehrend die Hände, fast als würde er sich vor mir fürchten. Und wahrscheinlich war ich gerade auch zum Fürchten. In den letzten fünfundzwanzig Minuten hatte ich von Heulen über Schreien und Stoßen das volle Repertoire einer hysterischen Ziege heruntergespielt.

»Giulia, was ist denn los?«, erkundigte Stella sich besorgt, als wir um die Ecke gebogen waren.

»Oh bitte, tu nicht so unschuldig«, fuhr ich sie an. »Verdammte Scheiße, Stella, ich sollte zur Polizei gehen!«

»Aber warum denn? Flip ist da. Und die Flecken auf Axel sind nur Erdbeergelee.«

»Glaubst du, dass es sich damit hat? Flip ist wieder da, na, dann können wir ja fröhlich weitermachen wie bisher?«

Ironischerweise erklang im selben Moment *O du Fröhliche* aus den Lautsprechern des Kaufhauses. Aber diese absurd schlechte Hip-Hop-Version hatte rein gar nichts mit dem klangvollen Lieblingslied *O Santissima* meiner Großeltern gemein.

»Was genau meinst du eigentlich?«, stellte Stella die Gegenfrage und sah ehrlich verwirrt aus. Plötzlich kam ich mir schrecklich blöd vor. Konnte ich wirklich glauben, dass meine beste Freundin, die ich so gut kannte, der ich vertraute, mich dermaßen verletzen würde? »Flip hat mir erzählt, dass er mit dir weggegangen ist, weil du gesagt hast, er soll dir helfen, ein Weihnachtsgeschenk für mich auszusuchen.«

»Hä?«

»Warum sollte er sich das ausgedacht haben?«

»Ich schwöre, Giulia, ich habe ihn nicht aus dem Café weggelockt.« Das Seltsame war, dass sie wirklich ehrlich klang. Trotzdem wusste ich, dass hier irgendetwas nicht passte.

Mich überkam ein ungutes Gefühl. »Wir fragen Flip noch mal«, sagte ich. »Komm!« Ich stürzte um die Ecke und wusste augenblicklich, dass die böse Vorahnung ihre Berechtigung hatte.

»Wo ist Flip denn jetzt schon wieder?«, rief Stella.

Mir wurde sterbensübel. »Nils hat ihn mitgenommen«, flüsterte ich.

Wir rannten gerade zur Rolltreppe, als eine laute Stimme hinter uns rief: »He, wo wollt ihr denn hin?«

Synchron drehten wir uns um. Ich fing zu lachen an, ziemlich unmotiviert, fürchte ich, aber auch unendlich erleichtert.

»Wo wart ihr denn?«, fragte Stella und schüttelte verärgert den Kopf. »Wir haben hier grade die Krise gekriegt.«

»Sorry«, Nils sah uns treuherzig an. »Flip und ich haben

uns nur mal die Auslage da drüben angeschaut. Ihr wisst ja, wie Jungs sind.« Er deutete auf eine große Glasscheibe neben den Aufzügen, hinter der eine Unzahl ferngesteuerter Spielzeugautos stand. Ich schüttelte den Kopf und musste plötzlich lächeln. Nils trat einen Schritt auf mich zu. »Alles wieder okay?«, fragte er leise. Sofort lag mir eine zickige Bemerkung auf der Zunge. Doch zu meiner eigenen Überraschung nickte ich.

»Wisst ihr, was?«, unterbrach Stella unsere Zweisamkeit. »Flip würde dem Weihnachtsmann da unten gerne einen Besuch abstatten. Setzt ihr beide euch doch noch mal ins Café, trinkt ein Glas Cola, esst ein Stück Kuchen – Giulia, du musst dich jetzt sowieso mal entspannen nach der ganzen Aufregung – und Flip und ich kommen euch dann abholen.«

Ich schüttelte vehement den Kopf. Ich war viel zu misstrauisch, was Stella jetzt wieder für ein Spielchen spielte. »Kommt nicht infrage, dass ich mich noch einmal von Flip trenne.«

»Ich muss aber aufs Klo, Lula«, fiepste mein kleiner Bruder und fing nervös zu tänzeln an. »Ganz, ganz viel.«

»Ich geh mit dir«, sagte ich schnell, ehe Stella ihre Begleitung anbieten konnte. Und danach würde ich Flip dazu bringen, dass er noch einmal – diesmal aber in Stellas Gegenwart – erklärte, wer ihn denn nun aus dem Café weggelockt hatte.

»Wir kommen gleich wieder«, verkündete ich und ging mit Flip an der Hand los.

Sosehr ich mich auch bemühte, begann Flip erst zu sprechen, nachdem sein dringendes Bedürfnis erledigt war. Als wir uns gemeinsam die Hände wuschen, sagte er etwas, das alles, was in der letzten halben Stunde geschehen war, in einem völlig anderen Licht erscheinen ließ.

Ich ließ mich gegen die gekachelte Wand fallen. Oh Gott, was sollte ich nur tun? Die Gedanken rasten durch meinen Kopf, viel zu schnell, um sie in eine geordnete Reihenfolge zu bringen, geschweige denn, um einen Plan zu entwickeln. Doch eine Idee trat immer wieder in den Vordergrund, sie war waghalsig und irgendwie völlig daneben, doch was hatte ich letztlich für eine Wahl? Schließlich musste ich schnell handeln.

Ich zückte mein Handy.

Flip und ich hockten zwischen zwei Autos am Parkplatz und beobachteten den Zischpickelarsch, der unruhig neben seinem ekelhaft sauberen 5er-BMW stand und immer wieder nervös mit den Fingern auf das Autodach klopfte. Flip stützte sich an meinem Schenkel ab und hielt sich brav an unsere Abmachung, vorerst keinen Mucks von sich zu geben. Der Lolli, den ich ihm gekauft hatte und an dem er jetzt hingebungsvoll lutschte, half ganz entschieden dabei mit. Ich reckte den Hals und nahm ein paar Meter entfernt Stella wahr, die wie verabredet mit Nils und seinem unseligen Freund Fanta über den Parkplatz schlenderte. Ich biss mir vor Aufregung auf die Unterlippe, als die drei direkt hinter unserem Lateinlehrer zu stehen kamen und ihn im Chor begrüßten. Schralek-Ipschitz fuhr herum.

Ich lenkte Flips Aufmerksamkeit auf die vier Personen, sofort fing er an, zu nicken und zu hüpfen.

»Okay, dann komm«, ich zog ihn in die Höhe und wir marschierten Hand in Hand auf die kleine Gruppe zu.

Flip zog mit einem lauten Schmatzen den Lutscher aus

dem Mund, nahm Fanta ins Visier und sagte fröhlich: »Hallo, Cola!«

Eine Pause trat ein. Ich weiß nicht, wer erschrockener guckte, Fanta, der so aussah, als würde er ernsthaft überlegen, Reißaus zu nehmen, oder Nils, dessen Augen nervös zwischen mir und seinem Freund hin und her huschten. Schralek-Ipschitz verschränkte die Arme vor der Brust. Ich zeigte auf Fanta und sagte mit fester Stimme: »Flip, ist das der Junge, mit dem du mitgegangen bist? Und der bei dir geblieben ist, bis Nils dich abgeholt hat?«

»Ja«, erwiderte mein kleiner Bruder schlicht und schob sich lässig den Lolli in den Mund.

Fanta streckte abwehrend die Arme aus. »Hey, hey, hey, hört mal, keine Ahnung, von was der Knirps da redet. Kann schon sein, dass er mich gesehen hat. Ich hab ja mitgeholfen, ihn zu suchen, nachdem Nils mich angerufen hat.«

Nils nickte nervös, schüttelte gleich darauf den Kopf und warf seinem Freund einen zornigen Blick zu. *»Cola?«*

Fanta trat seine Zigarette aus. »Hey Scheiße, Mann, hätte ich ihm vielleicht sagen sollen, dass ich Fanta heiße? Außerdem war das Ganze deine beknackte Idee.«

»Halt doch die Klappe«, zischte Nils und schloss gequält die Augen.

Doch Fanta war keiner, der einfach so die Klappe hielt. Mit beinahe schon bewundernswerter Entrüstung in der Stimme, rief er: »Was läuft hier überhaupt? Ich dachte, Stella hätte einen Anruf gekriegt, dass wir auf den Parkplatz kommen sollen, um Herrn Zi… äh, Schralek-Ipschitz beim Tragen zu helfen.«

»Richtig«, sagte ich laut. »Diesen Anruf hat Stella von mir gekriegt. Herr Schralek-Ipschitz war eingeweiht. Weil ich einen Zeugen brauchte, wenn Flip dich identifiziert, Fanta. Oder soll ich dich lieber Cola nennen?«

»Dumme Tussi«, entfuhr es Fanta.

Und dann passierte etwas, das ich anfangs gar nicht kapierte. Nils stürzte sich auf Fanta, mit einer Wucht, dass beide auf dem Boden landeten. Lange dauerte der Kampf nicht, weil Schralek-Ipschitz mit einem lauten Schrei an seine Anwesenheit erinnerte, doch selbst, als die beiden wieder aufrecht standen, ballte Nils die Hand noch einmal zur Faust und fauchte in Fantas Richtung: »Sag so etwas nie wieder zu ihr!«

Zu ihr? Zu mir? Ich blinzelte perplex und wünschte mein verdammtes Herzklopfen zum Teufel. Was wollte ich von einem Jungen, der sich an der Entführung meines Bruders beteiligt hatte? Falls man es denn Entführung nennen konnte – so ganz sicher war ich mir da nicht mehr.

»Folgendermaßen geht es weiter«, dröhnte der Zischpickelarsch. »Ihr beiden Weltmeister werdet euch jetzt schön bei Giulia und ihrem Bruder entschuldigen. Und dann möchte ich eine Erklärung für diesen ganzen Blödsinn hören – und die muss schon *sehr* gut sein, damit ich nicht eure Eltern verständige.«

Die beiden murmelten eine Entschuldigung in meine Richtung, Nils hielt dabei die Augen geschlossen.

»Und jetzt noch die Erklärung«, erinnerte sie der Zischpickelarsch.

Fanta riss sofort den Mund auf, doch Nils kam ihm trotzdem zuvor. »Es war wirklich meine Idee. Und es tut mir sehr leid.« Mit gesenktem Kopf sagte er – so leise, dass ich mich anstrengen musste, ihn zu verstehen. »Ich habe schon länger versucht, mit dir ins Gespräch zu kommen, Giulia, aber du hast mich immer abblitzen lassen. Und da hab ich mir gedacht, wenn ich«, er brach kurz ab und ich hörte Stella neben mir Luft holen – Nils hörte es auch, er sah sie an und fuhr dann schnell fort: »Wenn ich eine richtige Heldentat begehe, dann glaubst du vielleicht nicht mehr, dass ich ein Vollidiot bin.« Ein unglückliches Lachen entfuhr ihm. »Hat ja super funktioniert. Ich bin der größte Vollidiot aller Zeiten.«

Ich tat, als wäre ich vollauf damit beschäftigt, Flips Mütze zu richten – damit sie auch wirklich beide Ohren bedeckte –, um nur ja nicht Nils ansehen zu müssen. Unzählige wirre Gedanken rasten durch meinen Kopf.

»Hey Lula, ich seh gar nichts mehr«, schimpfte Flip. Ich hatte ihm die Mütze beinahe bis über die Nase gezogen.

»Und das sollen wir dir glauben, Nils?« Der Zischpickelarsch wirkte mehr als unschlüssig.

Nils presste die Lippen zusammen und nickte unglücklich. Fanta zog eine neue Zigarette aus dem Päckchen, steckte sie an und stieß einen Seufzer aus, bevor er sagte: »Ich kann die Story nur bestätigen.«

»Und das soll mich beruhigen?« Schralek-Ipschitz ließ ein überraschend humorvolles Lachen hören.

»Ich kann die Geschichte auch bestätigen.«

Irritiert wandte ich mich zur Seite. Es war der erste Satz, den Stella hier am Parkplatz von sich gegeben hatte. Ich sah, dass Nils beschwörend den Kopf schüttelte, doch Stella fuhr fort: »Und nicht nur das. Es war sogar meine bescheuerte Idee.«

»Echt?«, ließ Fanta sich vernehmen.

»Stella!«, krächzte ich – offenbar so entrüstet, dass Flip mich ganz besorgt anstarrte. »Ist schon okay, Flip. Wir gehen gleich nach Hause«, flüsterte ich ihm zu.

»Ich will aber noch zu Stella«, entgegnete er entschieden.

Ich glaube nicht, dass wir jemals wieder zu Stella gehen, fuhr es mir durch den Kopf. »Warum?«, fragte ich meine Freundin dann und registrierte, dass der Zischpickelarsch sich mittlerweile außerordentlich gut zu unterhalten schien. Äußerst interessiert und beinahe schon wohlgesinnt sah er zwischen uns beiden hin und her.

»Giulia, Giulia …« In Stellas Augen glitzerten Tränen, doch ich konnte mir jetzt kein Mitleid leisten.

»*Warum?*«, wiederholte ich, so hart es ging.

»Weil ich dir etwas Gutes zu Weihnachten tun wollte«, schluchzte sie schließlich.

»Was?« Verarschten mich heute eigentlich alle?

Stella atmete zitternd ein, stieß dann die Luft wieder aus und sagte mit ruhigerer Stimme: »Ich weiß schon seit einiger Zeit, dass Nils in dich verliebt ist« – wieder machte ich mich eifrig und konzentriert an Flips Mütze zu schaffen, während Stella fortfuhr – »aber du hast ihn, wie jeden anderen Jungen auch, abblitzen lassen. Selbst wenn du gewusst hättest, dass er sich wirklich für dich interessiert, hättest du ihm keine Chance gegeben. Weil Jungs für dich nur blöde Angeber sind.«

»Ich auch, Lula?«

Ich streichelte über Flips Kopf. »Natürlich nicht«, flüsterte ich.

»Und als du shoppen warst, da ist plötzlich Fanta vorbeigekommen und dann hatte ich diese blöde Idee … und wir haben Flip gesagt, dass er ruhig mit Fanta mitgehen darf, wenn der später noch mal vorbeikommt. Ach Giulia, ich wollte doch nicht, dass du Angst hast, das wollte ich wirklich nicht! Das Ganze hätte fünf, sechs Minuten dauern sollen, aber dieser Hornochse hat ja leider nicht an der verabredeten Stelle gewartet.« Sie warf Fanta einen zornigen Blick zu und zischte: »Und wieso um alles in der Welt hast du Flip gesagt, er muss mir helfen, Geschenke auszusuchen?«

»Irgendwas musste ich ihm doch sagen«, rechtfertigte sich Fanta. »Und ich kann nichts dafür, dass wir die Stelle verlassen haben. Der Kleine hat seine Stoffkatze verloren und wir mussten sie ganz dringend suchen gehen.«

Plötzlich hatte ich Mühe, nicht laut zu lachen. Flip hatte Fanta sicher ordentlich zugesetzt, als er Axel nicht mehr gefunden hatte. Und Fanta hatte sich anscheinend als gutmütiger entpuppt, als ich es ihm jemals zugetraut hätte.

»Woher wusstest du – das alles?«, fragte Nils plötzlich schüchtern.

Ich biss mir auf die Lippen, um ein Grinsen zu vermeiden. »Na ja«, sagte ich dann. »Als Flip wieder aufgetaucht ist, hat er von Cola geredet und später hat er mich gefragt, warum ein Mensch wie ein Getränk heißt. Und als er mir diesen ›Cola‹ beschrieben hat und die Beschreibung zu einem Mensch passte, der auch einen – wenn auch etwas anderen – Getränkenamen trägt, da war es nicht mehr so schwer, eins und eins zusammenzuzählen. Ich dachte mir halt, dass du und Fanta es sicher witzig fandet, mich leiden zu sehen. Oder dass du vielleicht Stella beeindrucken wolltest – mit deiner Heldentat«, konnte ich mir nicht verkneifen hinterherzuschieben.

Herr Schralek-Ipschitz blies hörbar die Luft aus seinen Lungen. Dann kratzte er sich am Kopf und sah mich fragend an. Ich zuckte mit den Schultern, doch insgeheim war meine Entscheidung schon gefallen und ich war froh, als der Zischpickelarsch, von einer Menge Mahnungen begleitet, verkündete, dass vorläufig nicht die Eltern verständigt wurden. Ich musterte ihn heimlich und hatte das Gefühl, dass seine graue, kalte Fassade zu bröckeln begann. Zum Glück war meine Idee, den Zischpickelarsch anzurufen, letztendlich weit weniger daneben gewesen, als ich befürchtet hatte. Bevor er sich in sein Auto setzte, um den Weihnachtsmann bei seinen drei Enkelkindern zu spielen – also doch –, zog ich ihn noch kurz beiseite und sprach ihn zaghaft auf sein Verhalten im Spielzeuggeschäft an. Er wand sich etwas, bevor er zugab, dass er mich, als wir uns zufällig trafen, um etwas bitten wollte. Und zwar sollte ich bei meiner Mutter ein gutes Wort für ihn einlegen, weil er gehört hatte, dass vonseiten der Eltern eine Initiative gegen ihn gestartet wurde.

Das tat ich. Ich legte mehr als ein gutes Wort bei meiner Mutter ein, ich legte mich richtiggehend ins Zeug, wobei ich eine sehr, sehr abgeschwächte Darstellung der Ereignisse im Einkaufszentrum zum Besten gab, eifrig unterstützt von Flip, der ständig von Erdbeergelee, Lollis, Schokomuffins und einem Typ namens Cola redete.

Nachdem der Zischpickelarsch losgefahren war, sah Stella mich flehend an. Das schlechte Gewissen stand ihr ins Gesicht geschrieben.

»Jetzt hör schon auf«, sagte ich und fuhr lächelnd fort:

»Das ist ja nicht zu ertragen, wenn du so schuldbewusst dreinschaust.«

Sie umarmte mich stürmisch. Und dann hob sie Flip hoch und wirbelte ihn so schnell herum, dass er vor Begeisterung quietschte und ich uns schon im Rettungswagen in Richtung Krankenhaus fahren sah.

»Kann ich dich ganz kurz sprechen?« Nils' Stimme war nicht viel mehr als ein Flüstern.

Ich nickte nur, denn ich selbst brachte nicht mal ein Flüstern zustande vor lauter Aufregung.

»Ich bin froh«, begann er, »dass du Stella nicht mehr böse bist. Es wäre schlimm, wenn eure Freundschaft wegen dieser Sache kaputtginge.«

Ich nickte und verbarg schnell meine zitternden Hände in den Manteltaschen. Als ich den Blick auf Nils' Gesicht richtete, erkannte ich echte Verzweiflung in seinen Augen. »Kannst du mir vielleicht auch irgendwann verzeihen?«, fragte er.

Wieder blieb meine Hoffnung, einen schlagfertigen und hochgeistigen Konter zu finden, unerfüllt. Also sagte ich schlicht: »Ja.«

Er strahlte mich erleichtert an. »Das ist mein schönstes Weihnachtsgeschenk, das kannst du mir glauben.«

Verlegen sah ich zur Seite, verlegen unter anderem deswegen, weil ich mir ein Lächeln nicht verkneifen konnte.

»Du bist so schön, wenn du lächelst.«

Mir stockte der Atem, so überrascht war ich. »Oh Gott.« Shit, hatte ich grade wirklich oh Gott gesagt? Reiß dich zusammen, Giulia. Ich räusperte mich. Dann sagte ich – mit beinahe normaler Stimme: »Ruf mich doch mal an in den Ferien. Also, wenn du magst …«

An diesem Abend verdrehte ich nicht die Augen, als meine Eltern beim Parfumauspacken ihren Christkindspruch vom Stapel ließen. Ich schüttelte nur ganz leicht den Kopf, lächelte aber dabei.

Später beobachtete ich Flip, wie er in seinem Bett schlief, die vierfarbige Katze im Arm, die restlichen Geschenke ordentlich auf dem Boden aufgereiht, damit er gleich am nächsten Morgen damit spielen konnte. Auf mich wartete mein funkelnagelneues iPhone in meinem Zimmer. Als Allererste würde ich damit Stella anrufen, meine treue Freundin, die mich nach all den Jahren immer noch überraschen konnte. Und die – darauf war Verlass – immer mein Bestes wollte. Der zweite Anruf würde an Nils gehen – ein Rückruf, weil er mir vorhin schon zweimal auf die Mailbox gesprochen hatte. Beim Gedanken daran schlug mein Herz deutlich schneller.

Ich beugte mich zu Flip hinunter und küsste ihn sanft auf die Wange. »Tu sei un dono di Dio«, flüsterte ich. *»Buon Natale,* kleiner Bruder.«

Autorenbiografien

Ulrike Bliefert,

Jahrgang 1951, ist den Fernsehzuschauern u. a. als Darstellerin der Maximiliane in der Verfilmung von Christine Brückners *Jauche und Levkojen/Nirgendwo ist Poenichen* und als Ulla in der Comedyserie *Das Amt* bekannt. Sie schreibt zudem erfolgreich Drehbücher. Ulrike Bliefert ist mit einem Schauspielkollegen verheiratet, hat eine Tochter und lebt in Berlin. *(www.ulrikebliefert.de)*

Weitere Thriller von Ulrike Bliefert im Arena Verlag: Schattenherz, Lügenengel, Eisrosensommer, Bitterherz, Elfengrab.

Bettina Brömme,

geboren 1965 in Karlsruhe, lebt mit ihrer Familie in München. Nach einem Zeitschriftenvolontariat studierte sie Germanistik, Journalistik und Kunstgeschichte. Sie arbeitete in der Filmproduktion, beim Fernsehen und ist heute vor allem Schriftstellerin und freiberufliche Autorin für TV, Hörfunk und Print. *(www.bettinabroemme.de)*

Weitere Thriller von Bettina Brömme im Arena Verlag: Frostherz, Rachekuss, Die dunkle Seite des Spiels, Todesflirt.

Beatrix Gurian,

geboren 1961, studierte Komparatistik, Italoromanistik sowie Theater- und Literaturwissenschaften. Anschließend war sie Redakteurin bei verschiedenen Fernsehproduktionsfirmen. Seit 2000 schreibt sie Romane für Erwachsene, Jugendliche und Kinder. Beatrix Gurian lebt gemeinsam mit ihrer Familie in Bayern. *(www.beatrix-mannel.de)*

Weitere Thriller von Beatrix Gurian im Arena Verlag: Der süße Kuss der Lüge, Dann fressen sie die Raben, Höllenflirt, Liebesfluch, Lügenherz, Prinzentod, Wie du ihm, so ich dir.

Manuela Martini,
1963 in Mainz geboren, studierte Geschichte und Literaturwissenschaft in Mainz und München und arbeitete anschließend einige Zeit im Werbe- und Dokumentarfilmgeschäft. Nach mehreren Jahren in Australien lebt sie heute in Spanien und schreibt neben Krimis und Romanen für Erwachsene erfolgreiche Jugendbücher. *(www.manuelamartini.de)*

Weitere Thriller von Manuela Martini im Arena Verlag: Sommerfrost, Der Tod ist unter uns, Sommernachtsschrei, Puppenrache, Wenn es dunkel wird.

Nora Miedler,
geboren 1977, studierte Schauspiel am Konservatorium Wien und war auf zahlreichen Bühnen zu sehen. Ihr Krimidebüt *Warten auf Poirot* war der Überraschungserfolg des Jahres 2009 und wurde für den Leo-Perutz-Preis der Stadt Wien für Kriminalliteratur nominiert. Mittlerweile ist das Schreiben ihre Hauptbeschäftigung. *(www.miedler.at)*

Weitere Thriller von Nora Miedler im Arena Verlag: Lügenprinzessin.

Das Böse hat seine guten Seiten – Die Arena X-Thriller

978-3-401-06845-9

Schneeweiß, blutrot

Früher haben Milena und ihre Clique die Regeln gemacht. Doch während eines Ausflugs in die Berge, in völliger Isolation, ohne Handys und umgeben von nichts als Schnee, kommen Geschichten ans Licht, die Milena am liebsten vergessen hätte. Schreckliche Wahrheiten nehmen ihren Platz ein. Und Milena ahnt nicht: Die Spielregeln von damals gelten längst nicht mehr.

978-3-401-06712-4

Der süße Kuss der Lüge

Meine Schuld, hämmert es in Lus Kopf. Ich habe nicht aufgepasst und es ist meine Schuld. So verzweifelt sie auch die kleine Ida sucht, ihre geliebte Nichte ist spurlos vom Spielplatz verschwunden. In ihrer Panik ruft Lu ihren Freund Diego an, der bei der Polizei arbeitet. Sie ahnt nicht, dass damit ein Albtraum seinen Lauf nimmt, der schon sehr viel früher begonnen hat. Denn der Mann, dem sie ihr Herz geschenkt hat, ist nicht der, für den Lu ihn hält.

978-3-401-06762-9

Dein Blick so kalt

Das Praktikum in München war Lous großer Traum. Dann der Albtraum: Lous Mitpraktikantin ist eine Oberzicke, ihr Chef ein Grabscher. Dennoch gibt Lou nicht auf. Auch nicht, als sie eine unheimliche Email erhält: Ich bin immer bei dir. Mehr und mehr hat Lou das Gefühl, beobachtet zu werden, doch die Polizei nimmt ihre Angst nicht ernst. Bis Lou eines Tages verschwindet.

Arena

Auch als
E-Books erhältlich.

Jeder Band:
Klappenbroschur
www.arena-verlag.de